The Ultimate Collection of Thinking Methods

思考法図鑑

ひらめきを生む問題解決・アイデア発想のアプローチ **60**

株式会社 **アンド**【著】

本書内容に関するお問い合わせについて

このたびは翔泳社の書籍をお買い上げいただき、誠にありがとうございます。弊社では、読者の皆様からのお問い合わせに適切に対応させていただくため、以下のガイドラインへのご協力をお願い致しております。下記項目をお読みいただき、手順に従ってお問い合わせください。

●ご質問される前に

弊社Webサイトの「正誤表」をご参照ください。これまでに判明した正誤や追加情報を掲載しています。

正誤表　https://www.shoeisha.co.jp/book/errata/

●ご質問方法

弊社Webサイトの「刊行物Q&A」をご利用ください。

刊行物Q&A　https://www.shoeisha.co.jp/book/qa/

インターネットをご利用でない場合は、FAXまたは郵便にて、下記"翔泳社 愛読者サービスセンター"までお問い合わせください。
電話でのご質問は、お受けしておりません。

●回答について

回答は、ご質問いただいた手段によってご返事申し上げます。ご質問の内容によっては、回答に数日ないしはそれ以上の期間を要する場合があります。

●ご質問に際してのご注意

本書の対象を越えるもの、記述個所を特定されないもの、また読者固有の環境に起因するご質問等にはお答えできませんので、予めご了承ください。

●郵便物送付先およびFAX番号

送付先住所　〒160-0006　東京都新宿区舟町5
FAX番号　　03-5362-3818
宛先　　　　(株)翔泳社 愛読者サービスセンター

※本書に記載されたURL等は予告なく変更される場合があります。
※本書の出版にあたっては正確な記述につとめましたが、著者や出版社などのいずれも、本書の内容に対してなんらかの保証をするものではなく、内容やサンプルに基づくいかなる運用結果に関してもいっさいの責任を負いません。
※本書に掲載されているサンプルプログラムやスクリプト、および実行結果を記した画面イメージなどは、特定の設定に基づいた環境にて再現される一例です。
※本書に記載されている会社名、製品名はそれぞれ各社の商標および登録商標です。

はじめに

　同じものを見て、同じことを聞いても、人は皆それぞれ違うことを考えます。自分が行き詰まっているような状況に対して、思いも寄らない方法で突破していく人、想像もできないようなユニークなアイデアで状況を変えていく人たちがいます。皆さんの周りにも、その人と一緒にいると思考がどんどん進んでいく、食い違った意見も不思議とまとまっていくという人たちがいるのではないでしょうか。

　一体そういった人たちは物事をどう見て、どうとらえ、どのように思考を進めているのか。考え方の質を高めることで、問題解決の質を高めることはできないか。そんな問いに向き合い、先人たちが残してきた60種類の思考法を紹介し、考えるための視点を届けようとするのが本書『思考法図鑑』です。

　論理的思考や批判的思考などの基本的な思考法に加え、アイデア発想、ビジネス構築、戦略立案、学習、分析に役立つものなど、ビジネスシーンで活きる考え方を幅広く収録しています。考えるという行為には形がなく、一見難しいものにも感じられます。しかしながら皆、それが無意識的だったとしても何かを考えています。つまり、誰もが思考の伸びしろを持っているということです。自分自身の思考の形をとらえ、より自分の強みを活かせるようカスタマイズしていく素材集として、本書をご活用いただければ幸いです。

　問題解決の精度を高める目的のもとに執筆しましたが、純粋に考えることの楽しさや奥深さを分かち合いたいという想いも込めています。普段より一歩踏み込んでみることで見える世界、そこにある知的興奮をともにしたいという想いが、執筆を進める原動力となりました。問題解決に真摯に向き合う人、考えることをあきらめない人、そういった方のお役に立つためにも書きましたが、「考えるって、思っていたよりも楽しいかもしれない」「もう少し考えることに積極的になってもいいかもしれない」といった、「考えることの階段」を一段登るキッカケとして本書が貢献できれば、それ以上の喜びはありません。

　最後になりましたが、私のプランニング、マーケティングに関する思考体系の基礎を築いてくださった株式会社 企画塾 高橋憲行先生、即行動することの大切さを教えてくださった高橋恵さん、ともに試行錯誤してくださっているクライアントの皆様、前著『ビジネスフレームワーク図鑑』に引き続き編集をご担当くださった翔泳社の秦さん、同じく引き続きデザインをしてくださった next door design 様に感謝申し上げます。

2019年10月
小野 義直

本書の使い方

　本書では、ビジネスのさまざまな場面で使える思考法を解説しています。以下のように、活用場面ごとに分類していますが、思考法の使い方は1つだけではありません。ご自身の状況に合わせて、柔軟に利用してください。また、すべての思考法はテンプレート化しているのですぐに実践できます（テンプレートのダウンロードについては下記をご参照ください）。

- 第1章 ……… 思考の基礎体力を高める（メソッド：10種）
- 第2章 ……… アイデアの発想力を高める（メソッド：12種）
- 第3章 ……… ビジネス思考力を高める（メソッド：12種）
- 第4章 ……… プロジェクトの推進力を高める（メソッド：13種）
- 第5章 ……… 分析力を高める（メソッド：13種）

●読者特典について

　本書で紹介しているすべての思考法は、PowerPoint形式のテンプレートを用意しています。そのままPCやタブレットで使っても便利ですが、紙に印刷してじっくり取り組んだり、チームメンバーと一緒に書き込んでもよいでしょう。以下のURLよりダウンロードしてください。

翔泳社 『思考法図鑑』 特典ダウンロードページ
https://www.shoeisha.co.jp/book/present/9784798160948

※「翔泳社　思考法図鑑」で検索しても見つかります。
※ 読者特典を入手するには、無料の会員登録が必要です。画面にしたがって必要事項を入力してください。すでに翔泳社の会員登録がお済みの方（SHOEISHA iDをお持ちの方）は、新規登録は不要です。
※ 会員特典データのファイルは圧縮されています。ダウンロードしたファイルをダブルクリックすると、ファイルが解凍され、利用いただけます。
※ 会員特典データに関する権利は著者および株式会社翔泳社が所有しています。許可なく配布したり、Webサイトに転載することはできません。
※ 会員特典データの提供は予告なく終了することがあります。あらかじめご了承ください。

ページ紹介

本書で特徴的なページとして、「思考法の使い方や記入例が記載されたページ」と「エクササイズ」があります。エクササイズでは、思考法の中からいくつかをピックアップして、さらに考え方の例を見ていきます。エクササイズのテンプレートも用意しているので、ぜひ自身に当てはめて活用してください。

思考法の解説ページ

活用例：すべての思考法で活用例を示しています。まずイメージをつかみましょう。

考え方：思考法を活用するポイントを説明します。

基本情報：その思考法がどういうものか、概要を説明します。

思考のヒント：思考する際の注意点や一歩先の考え方に触れています。

エクササイズのページ

はじめに ……………………………………………………………… 5
本書の使い方 ………………………………………………………… 6
読者特典について …………………………………………………… 6

序章 思考法を活用するために 13

第1章 思考の基礎体力を高める 17

01 論理的思考（ロジカル・シンキング） …………………………… 20
02 批判的思考（クリティカル・シンキング） ……………………… 22
03 演繹的思考 ………………………………………………………… 24
04 帰納的思考 ………………………………………………………… 26
05 アブダクション …………………………………………………… 28
06 要素分解 …………………………………………………………… 30

- ⑦ MECE ……………………………………………… 32
- ⑧ PAC思考 …………………………………………… 34
- ⑨ メタ思考 …………………………………………… 36
- ⑩ ディベート思考 …………………………………… 38
  - 第1章のエクササイズ …………………………… 40
  - コラム 思考のズームインとズームアウト ……… 44

第2章 アイデアの発想力を高める　45

- ⑪ ブレインストーミング …………………………… 48
- ⑫ 類推思考 …………………………………………… 50
- ⑬ 水平思考 …………………………………………… 52
- ⑭ 逆説思考 …………………………………………… 54
- ⑮ IF思考 ……………………………………………… 56
- ⑯ 素人思考 …………………………………………… 58
- ⑰ トレードオン思考 ………………………………… 60
- ⑱ プラスサム思考 …………………………………… 62
- ⑲ 弁証法 ……………………………………………… 64
- ⑳ ストーリー思考 …………………………………… 66
- ㉑ 2軸思考 …………………………………………… 68
- ㉒ 図解思考 …………………………………………… 70
  - 第2章のエクササイズ …………………………… 72
  - コラム 「開く問い」と「閉じる問い」 ………… 78

第3章 ビジネス思考力を高める　79

- ㉓ 価値提案思考 …… 82
- ㉔ シーズ思考 …… 84
- ㉕ ニーズ思考 …… 86
- ㉖ デザイン思考 …… 88
- ㉗ ビジネスモデル思考 …… 90
- ㉘ マーケティング思考 …… 92
- ㉙ 戦略的思考 …… 94
- ㉚ 確率思考 …… 96
- ㉛ 逆算思考 …… 98
- ㉜ オプション思考 …… 100
- ㉝ ビジョナリー思考 …… 102
- ㉞ コンセプチュアル思考 …… 104
- 第3章のエクササイズ …… 106
- コラム 小さく生んで大きく育てる …… 112

第4章 プロジェクトの推進力を高める　113

- ㉟ Why思考（目的探索）…… 116
- ㊱ 改善思考 …… 118
- ㊲ 経験学習モデル …… 120

- ㊳ ダブル・ループ学習 ………………………………… 122
- ㊴ プロセス思考 ………………………………………… 124
- ㊵ 横断的思考 …………………………………………… 126
- ㊶ GTD …………………………………………………… 128
- ㊷ 自責思考 ……………………………………………… 130
- ㊸ ポジティブ思考 ……………………………………… 132
- ㊹ ABC理論 ……………………………………………… 134
- ㊺ 内観法 ………………………………………………… 136
- ㊻ 相対的思考 …………………………………………… 138
- ㊼ 抽象化思考 …………………………………………… 140
  - 第4章のエクササイズ ………………………………… 142
  - コラム 「Yes, And」で考える ……………………… 148

第5章 分析力を高める　149

- ㊽ 仮説思考 ……………………………………………… 152
- ㊾ 論点思考 ……………………………………………… 154
- ㊿ フレームワーク思考 ………………………………… 156
- ㉛ ボトルネック分析 …………………………………… 158
- ㉜ ファネル分析 ………………………………………… 160
- ㉝ 相関分析 ……………………………………………… 162
- ㉞ 回帰分析 ……………………………………………… 164
- ㉟ 時系列分析 …………………………………………… 166

㊴ Why思考（原因分析） ……………………………………… 168
㊵ 因果関係分析 ……………………………………………………… 170
㊶ 因果ループ ………………………………………………………… 172
㊷ システム思考 ……………………………………………………… 174
㊸ KJ法 ………………………………………………………………… 176
　　第5章のエクササイズ ……………………………………………… 178
　　コラム　定量・定性データと仮説検証 ……………………………… 186

思考を加速させるビジネスフレームワーク一覧 …………………… 187
参考文献・Webサイト ……………………………………………… 196

思考法を活用するために

序章

思考法を活用するために

1つ1つの具体的な思考法の解説に入る前に、思考法をインプットするために持っておきたい視点について触れておきます。物事に取り組む際は、漠然と取り組むよりも、目的を明確に持っていた方が高い効果が得られるでしょう。本書を読んでどうしたいか、そのためにどんな視点で読み進めるとよいかを考える時間を持ってみることをおすすめします。

思考法とは

まず本書では、「思考法」とは「問題解決を目的として結論を導き出すために、考え方の筋道や方法を体系化したもの」とします。本書が目指すのは、読者の皆様の思考に対する解像度を高め、考え方を豊かにするための素材を提供することです。

思考の対象や論点を見つけたり、発想の流れやスタンスを見つけたりする際のヒントとなるようなものなど、問題解決や仕事に取り組むうえで活用できる様々な思考法を全60種紹介しています。自身が抱えている課題や悩みを書き出し、「どうやって思考力を高め、問題の解決を加速させられるか」という問いを頭の片隅に入れて、読み進めてみてください。

着目しておきたい点

それぞれの思考法について理解し、自身に取り入れるために意識しておきたい視点が「それはどんな思考法か（What）」「なんのために存在する思考法なのか（Why）」「どうやって使うのか（How）」の3つの視点です。

それら3つの視点をさらに、右図のような要素に分解し、各思考法の解説の中に散りばめて執筆しました。本書を活用する際は、漠然とインプット・アウトプットするよりも、こうした項目を意識し、それぞれについて理解できているかをチェックしながら思考を進めていくと吸収しやすくなります。

「なぜ型」「いかに型」の問いを常に往復する

　問題解決のために何かを考えるには、様々な問いを立てる必要があります。本書の中でも様々な問いや視点に触れていきますが、常にベースとして持っておきたいのが「なぜ型」の問いと「いかに（〜するか）型」の問いです。

　なぜ型の問いは、目的や意味を問う場合に活きます。例えば渋谷区に観光客をたくさん呼びたいと考えているときに「人はなぜ観光をするのか？」「なぜ渋谷に観光客を呼びたいのか？」を考えるなど、「そもそも」を問うものです。

　一方、いかに型の問いは、解決策や方法論を問う場合に活きます。例えば、「いかに海外からの旅行客に渋谷を認知してもらうか」「渋谷に来た思い出をいかにして持ち帰ってもらうか」などの考え方をします。

　問題解決の方法を考える際やビジネスアイデアを考える際、これら2つの問いを往復することによって、目的から具体的なアクションまでをひもづけて思考することができます。「何を考えるべきなのか」「考えていることの意味は何なのか」、そして「形にするにはどうすればよいのか」といった視点を行き来し、思考を深めていきましょう。

思考と行動は「両輪」である

　本書は思考法を解説し、考えることを奨励する書籍です。ただし、行動よりも思考が大事だといいたいわけではありません。思考と行動は車の両輪のような存在であり、互いの質を高め合うものです。「思考と行動は相反するものではなく、両方の力を高めていくことが問題解決力を伸ばすために重要である」というのが、本書の基本姿勢といえます。その前提のもと、思考の質を高めるためのエッセンスを紹介しています。

　つまり、読んで知識を得ただけで終わらせてしまうのでは、この本を十分活かせているとはいえません。得た知識を「いかに」行動に結びつけるかを意識しておくことが重要です。そのために、現場のワンシーンを意識しながら読み進めるのがおすすめです。例えば、会議、振り返り、アイデア発想、企画書や提案書の作成、リサーチ項目の設定など、具体的に頭を使うシーンを想定しながら、「あの場面でこの思考法を活かすとどうなるか？」と思いをめぐらせてみてください。そして、次にその場面がやってきたときに即実行してみましょう。

思考法図鑑の活用レベル

さて、次項から思考法の紹介に入っていきますが、下記の3段階を意識してみると、きっと有意義なものになるはずです。

＜思考法図鑑の活用レベル＞
- レベル1　自分の思考の型を意識する
- レベル2　自分の思考を拡張する
- レベル3　自分の考え方を持論化する

レベル1　自分の思考の型を意識する

自分の思考の型やクセ、特徴を理解する段階です。その思考法は自分と近い考え方をしているのか、まったく意識したことがないようなものか。自分の思考に対して意識的になりましょう。なぜこのステップが必要かというと、現状の自分の思考について把握できていないと、何を変えればいいのかを考えにくいからです。無意識を意識化することに、まずはチャレンジしてみてください。

レベル2　自分の思考を拡張する

自分の考え方の特徴を把握したうえで、これまで触れたことのなかった思考法のエッセンスを取り入れ、自分の思考を拡張します。一朝一夕で考え方が変わるわけではないので、振り返りを行いながら、粘り強く自分の思考を進化させていくことが重要です。よいと感じたポイントを現場で試しながら、とにかく実践する段階です。

レベル3　自分の考え方を持論化する

第3段階として、自分の思考について持論化することにもぜひ挑戦してほしいと思います。これは、自分の考え方でうまくいったものをまとめて、1つの知として結晶化するということです。思考法図鑑を「読む」という立場から「作る」側に立つことで、先人たちが何をいわんとしているのかをくみ取れるようになります。本書を自分用にアップデートするくらいの意気込みで、使い倒していただけると幸いです。

思考の基礎体力を高める

- 01 論理的思考（ロジカル・シンキング）
- 02 批判的思考（クリティカル・シンキング）
- 03 演繹的思考
- 04 帰納的思考
- 05 アブダクション
- 06 要素分解
- 07 MECE
- 08 PAC思考
- 09 メタ思考
- 10 ディベート思考

思考の基礎体力を高める

第1章では、問題解決に挑んでいくための基本となる思考法を紹介します。論理的思考や批判的思考など、場面を問わず重要になる考え方であり、第2章以降で紹介する思考法の下地にもなります。まずは、考え抜くための体力を強化していきましょう。

論理的に考える力があらゆる思考力の基礎となる

仕事をしていくうえで、論理的に物事を考える力は必要不可欠です。「論理的に考える」とは、簡単にいうと「○○だから△△である」といった具合に、「主張と根拠」「原因と結果」「目的と手段」をつなげて考えられることです。主観的に考えるだけでなく、客観的に物事をとらえ、合理的に思考を展開する力が求められます。主観や感情が必要ないというわけではありませんが、それらを活かすためのベースとして論理的な思考力が欠かせないということです。また、第2章では創造的な思考をうながす方法を取り上げますが、飛躍した発想を実現するためにも、論理的な思考力が必要になります。

論理的な思考力を高めていくにあたり、「演繹的思考」「帰納的思考」「アブダクション」という推論の考え方には、ぜひ注目してほしいと思います。演繹と帰納についてはプレゼンテーションや文章作成の解説本でもたびたび登場するので、すでに馴染みのある言葉かもしれません。しかしながら、演繹と帰納を知っていても、その意味を人に説明できるかと聞かれると難しいと感じる人も多いのではないでしょうか。演繹と帰納の違いをきちんと理解するプロセスは、論理的な考え方が身につくのはもちろん、考えることの楽しさをも教えてくれるものです。

考えたら、いったん頭の中から出してみよう

思考をある程度進めたら、自分の中だけで考え続けるのではなく、外に出して客観的な評価を得ることが重要です。人に話してみる、プレゼンしてみる、ブログ記事として発信してみるなど、方法は問いません。頭の中にある間は理解できているつもりが、他者に伝えようとすると伝わらないポイントが出てきます。その伝わらない部分は、論理的な思考が不足していることに気づくでしょう。積極的に他者からの評価を得られる場をつくり、

自分の考えを様々な角度からチェックしてもらうことで、思考の体力・タフネスを鍛えます。

問題とは「あるべき姿」と「現状」のギャップ

第1章では、論理的思考と批判的思考を中心としたエッセンスを紹介しながら、現状の問題・課題を的確に把握することを目指します。そこで、まず始めに「問題」という言葉の意味を押さえておきたいと思います。

本書では、「あるべき理想の姿と現状とのギャップ」を「問題」とします。例えば、「子育てと仕事を両立しやすい会社」を理想としていて、「毎日残業が発生している」とすると、毎日残業が発生しているという状況は理想との「ギャップ」であり、「問題」にあたります。問題発見から課題設定の大枠の流れは下図のようになります。

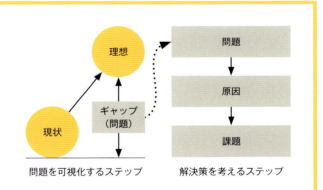

問題発見から課題設定の流れ

理想と現状を比較し、問題を可視化することから問題発見は始まります。その問題の原因を分析し、その原因を取り除く（問題を解決する）ためのアクションが課題となり、解決策として具体的なアクションの内容を考えていきます。

毎日残業が発生していることを問題とした場合は、「業務効率が悪い」「担当者間の連携が取れていない」など、問題の原因を考えます。原因を解消するために「業務フローの見直し」「作業状況の共有体制の構築」といった課題を定めたら、それを実現するための具体的なアクションの内容を考えて実行します。

解決策を考えるための発想力については第2章、ビジネス視点での発想力については第3章、組織内の問題・課題については第4章、そして思考の解像度を高めるための分析力については第5章で取り上げます。場面に応じた、問題解決の視点を獲得していきましょう。

01 論理的思考（ロジカル・シンキング）
結論と根拠のつながりを明確にして考える

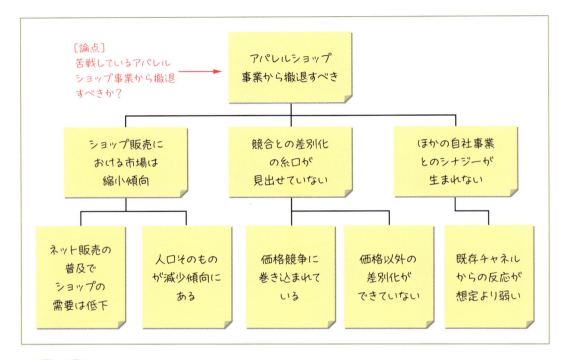

基本情報

「論理的思考（ロジカル・シンキング）」とは、結論と根拠のつながりを明確にし、客観的かつ合理的に考えるための思考法です。「〇〇だから△△」でつながる考え方ともいえるでしょう。

結論と根拠がつながっていないと、何を考えているのかわからず思考が迷子になったり、他者に伝えたい場合に理解してもらえないといった状況に陥ります。そうならないために、筋道立った思考が必要になるのです。

論理的思考は様々なエッセンスを含む概念ではありますが、ここでは「結論と根拠がそれぞれ明確であり、さらにそれらが適切に結びついているか」という視点を日々の思考の中に取り入れるためのポイントを解説します。

考え方

❶ **[論点を決める]**：何について考えるのかを「論点」として設定します。左ページの例では「苦戦しているアパレルショップ事業から撤退すべきか」を論点にしています。

❷ **[情報を集める]**：❶で設定した論点に対する結論を出すために必要な情報を収集し、整理します。情報はやみくもに集め始めるのではなく、事前に論点をある程度分解し、集めるべき情報の全体像を可視化しておくと効果的です。

❸ **[何がいえるかを考える]**：❷で集めて整理した情報から何がいえるかを考えます。情報から「解釈」を引き出すステップといえます。個別の情報が意味することを考えながら、最終的に❶の論点に対する結論を出すことを目指します。情報から解釈を引き出すための考え方としては、演繹的思考（参照→03）、帰納的思考（参照→04）、アブダクション（参照→05）が基本となります。

❹ **[論理を構造化する]**：最終的な結論に至ったら、その結論までの思考の筋道を整理します。結論と根拠の全体像を整理するには、結論を頂点としたピラミッド構造に整理するのが有効です。「Why So（なぜなら）」と「So What（だから）」でそれぞれがつながっているか、漏れなくダブりなく考えられているか（MECE：参照→07）をチェックします。

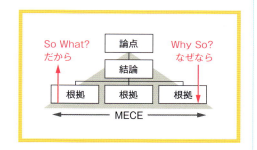

思考のヒント

思考に詰まったら頭の中から出してみる

論理を組み立てるのに詰まったら、頭の中だけで考えるのではなく、外に出してみましょう。人に伝えようとすると、自分以外の人でもわかるように論理を整理する必要があります。人と話したり文章を書く過程で見えていない部分がわかるので、論理的な思考を促進することができます。

02 批判的思考（クリティカル・シンキング）

論理の正しさを疑ってみることで思考の精度を高める

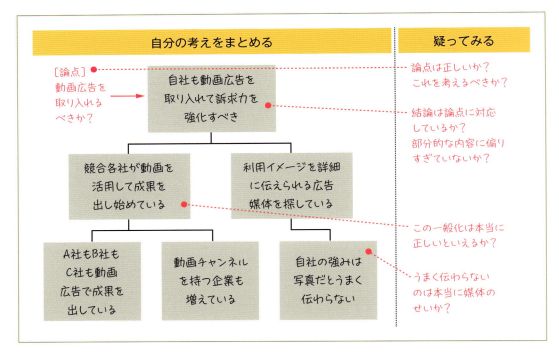

基本情報

「批判的思考（クリティカル・シンキング）」とは、健全な批判精神を持ちながら、物事を論理的に考える思考法です。論理的思考は「結論」と「根拠」を筋道立てて考えるものでした。それは問題解決の場面で必須ですが、前提を誤って設定したり、解釈を間違えたりすると効果を発揮しません。また、そもそもの問題設定を間違えていると、いくら論理的に考えたところで正しいアクションには至りません。

批判的思考には、このような論理的思考の注意点を補う機能があります。前提は正しいのか、結論と前提は本当につながっているかなど、客観的かつ批判的な目線で思考を行います。なお、ここでいう「批判」は単に否定するだけのネガティブなものではなく、より多面的に、建設的に物事を考えていこうとするためのポジティブなアプローチです。

考え方

❶ **[論理を展開する]**：前項の論理的思考の流れで論理を展開します。つまり、論点を決め、情報を集めて、そこから何がいえるかを考え、論点に対する結論を出します。

❷ **[論点を疑う]**：❶で構築した論理を批判的に考えてみます。批判するというのは「本当にそうか？」という視点を持って疑ってみるということです。そもそも設定した論点が間違っていると、いくら論理を構築しても意味がありません。この論点は本当に正しいのか？と疑うことで、考えようとしていることそのものの正しさを確認します。

❸ **[結論と根拠のつながりを疑う]**：結論と根拠が「Why So（なぜなら）」「So What（だから）」でつながっているか（論理が飛躍していないか）を疑い、正しさを確認します。

❹ **[前提を疑う]**：結論と根拠の間にある前提についても疑ってみます。前提は時と場合によってその正しさが変わるため、いま置かれている状況や条件の中で適切かどうかを確認しましょう。このように、自分の考えを多様な視点で疑うことによって論理の矛盾や穴を特定し、補強していくのが批判的思考です。常に問い続ける思考の体力、問いへのタフネスを養っていくことが大切です。

補足　バイアス（思考の偏り）に気をつける

自分の意見を支持する情報ばかり信じてしまう、予期せぬ問題に対して「まだ大丈夫」と軽視してしまうなど、人には思考の偏りがあり、これを「バイアス」といいます。バイアスによって論理が歪められてしまわないためにも、自分を客観的に疑ってみることが重要です。

思考のヒント

ひとりディベート（討論）のすすめ

論理的な思考、批判的な思考を鍛える方法としてオススメしたいのがひとりディベートです。問いに対してまず1つの意見を考え、それに反論する意見を考えます。さらに反論意見の反論意見を考える、というプロセスを繰り返すことで、物事を客観的・多面的にとらえられ、論理を深めていくことができます。

ぶつけ合わせることで思考の精度を高める

03 演繹的思考
普遍的な大前提をもとに結論を導く

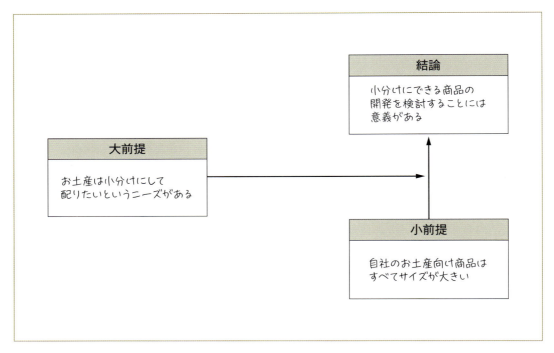

基本情報

「演繹的思考」とは、実際に見聞きした物事（事象）に対して、一般的なルールや理論などの「大前提」から結論を導き出す思考法です。例えば「すべての物体は落下する」という一般論が大前提として存在し、「りんごは物体である」という小前提（事象）があったとすると「りんごは落下する」という結論が導かれます。これが演繹的な思考の論理展開です。

演繹的思考は推論（次ページ参照）の一種であり、論理的な思考を実践するうえで必要不可欠です。

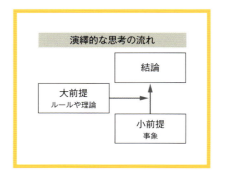

03　演繹的思考

考え方

補足　推論とは

演繹的思考について理解するために「推論」の概念を押さえておきましょう。推論とは、既知の情報から未知の結論を導き出す、論理的な思考過程のことです。推論は「前提」と「結論」からなります。前提はあらかじめ与えられている情報や知識で、結論とは前提をもとに下される判断を意味します。これらは問題の設定や解決策の立案をしていくときに活用され、論理的思考の基礎になるものです。推論の代表的な方法論に、演繹的思考（演繹法）、帰納的思考（帰納法）（参照→04）、アブダクション（参照→05）があります。

❶ **[大前提を把握する]**：演繹的思考の大前提となる情報をピックアップします。大前提には、一般的に正しいとされるような理論、ルール、セオリーなどが該当します。

❷ **[小前提を把握する]**：具体的な物事を観察し、小前提となる情報を収集します。意識的に収集した情報が小前提になる場合もあれば、日々の業務の中で蓄積されるデータが小前提となる場合もあります。

❸ **[結論を導く]**：大前提と小前提を関連づけ、結論を導き出します。演繹的思考はこのように、大前提の下に必然的な結論が導かれ、論証力が強い点が魅力です。一方、大前提に依存するため、前提が崩れると結論も崩壊するという注意点があります。大前提の選択が間違っていないか、大前提は本当に正しいのかを確認する意識を持っておくことが重要です。

思考のヒント

全体から部分、一般から個別への論理展開

包含関係を表す集合の概念をイメージすると、演繹的な思考のイメージがつかみやすくなります。「正しいとされる全体の中にある部分」は必然的に正しい、とするのが演繹的な思考の論理展開です。これに対し、観察した部分的な集合をサンプルとして、全体へ思考を進めるのが次項の帰納的思考となります。

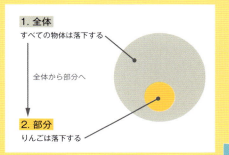

1. 全体　すべての物体は落下する
全体から部分へ
2. 部分　りんごは落下する

04 帰納的思考

共通点を見出し一般論を導く

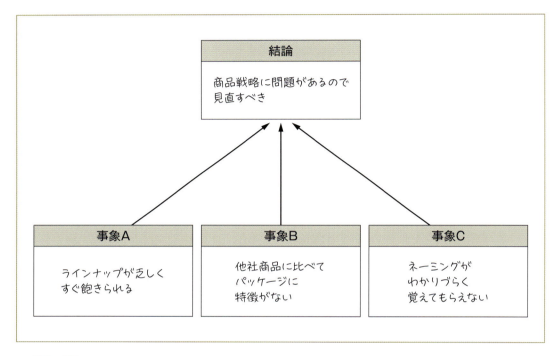

基本情報

「帰納的思考」とは、いくつかの具体的な物事（事象）の中から共通点を見つけ出し、普遍的な一般論を結論として導き出す思考法です。演繹的思考とは逆の流れをたどる思考法となります。

帰納的思考では、事象の中からどのように共通点を見出すか、そこからどのように結論を導き出すか、思考する側に想像力や知識、経験が求められます。難しさもありますが、その分、発想の幅に富んだ思考法です。

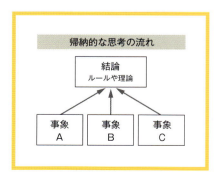

04 帰納的思考

考え方

❶ **[サンプルを集める]**：具体的な物事（事象）を観察して情報を収集します。帰納的思考は統計的な考え方であるため、基本的には収集するサンプルの数が多いほど、導き出される結論の妥当性は高くなります。

❷ **[一般化して結論を出す]**：収集した情報の中から共通点を探します。帰納的思考においては、この共通点（一般化した情報）が結論となります。一般化するとは、「AとBとCに同じことがいえるなら、他のDやEも同じではないか？」というように、個別的な情報から全体に通ずる一般論を考えることです。左ページの例でいえば、「ラインナップが乏しい」「パッケージに特徴がない」「ネーミングがわかりづらい」という情報を得て、そこから「商品戦略に問題があるので見直すべき」という全般的な問題点として結論づけています。なお、導き出した結論（一般論）に当てはまらない事象が現れた際には結論が崩れるので、その際には修正しなければならない点に注意が必要です。また、無理な一般化をして誤った結論を出してしまわないよう意識しておくことも重要になります。

補足　演繹と帰納の関係

演繹と帰納は論理的思考の基礎になるものであり、互いに補い合う関係にあります。演繹は一般論を具体化する役割を持っており、帰納は一般論の妥当性を検証する役割を持っています。ここで挙げた「商品戦略に問題がある」という例でも、AからCのほかにも商品の機能やデザインに関する問題もあるかもしれないと演繹的に考えることができます。ここに次項で紹介するアブダクション（仮説形成）の考え方が加わることにより、仮説検証のサイクルを回す流れができあがります。

思考のヒント

部分から全体、個別から一般への論理展開

帰納的思考も包含関係でイメージをつかめます。演繹とは逆に、部分の集まりから全体を、個別の集まりから一般を想像するイメージです。このように、帰納は演繹よりも高い拡張性を持っています。事項では、さらに拡張性の高いアブダクションを紹介します。

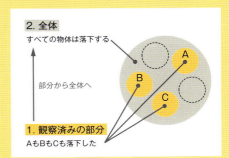

第1章／思考の基礎体力を高める

27

05 アブダクション
事実から仮説を形成する

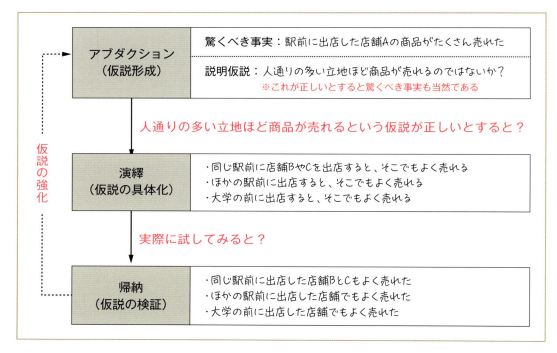

基本情報

「アブダクション」とは、ある事実が起きた理由を説明できる仮説を考える、という思考法です。日本語では「仮説形成」といいます。演繹的思考、帰納的思考と並ぶ第3の推論法であり、最も論理の拡張性が高い思考法として注目を浴びています。

アブダクションによる論理展開の基本形は「驚くべき事実Zに出合う」→「もしY（説明仮説）が真実だとすると、Zは当然のことである」→「よってYは真実であると考えられる」という流れです。具体例を挙げると、「りんごが木から落ちた」という事実に驚き、「地球とりんごが引き合っている（引力が存在する）」という仮説を考えるといったことです。

このようにアブダクションは飛躍的な考え方をする思考法であり、まだ誰も気づいていない理論やメカニズムに迫る「発見の思考」としての魅力を持っています。

05 アブダクション

考え方

❶[驚くべき事実に出合う]：アブダクションはまず驚くべき事実に出合うことから始まります。何気ない現象の中から「ん？」という引っかかりを逃さずつかみ取ります。日々触れる物事に対して「なぜそうなるのだろう？」と考える習慣を持っておくことが大切です。

❷[説明仮説を立てる]：驚くべき事実が起きていることを論理的に説明できる仮説を考えます。この仮説を説明仮説と呼び、検証によって磨いていきます。例えば「店舗Aの商品がよく売れた」という事実に出合ったのであれば、「なぜ店舗Aの商品がよく売れたのか」を説明するための理論や一般論を考えます。

❸[説明仮説を検証する]：演繹と帰納を用いて説明仮説を検証していきます。つまり、「説明仮説を裏づけるような他の事実を想定する（演繹）」→「想定した事実を実際に確かめ、説明仮説と照らし合わせる（帰納）」という流れで仮説の正しさを検証します。左ページの例でいえば、実際に人通りの多い場所に出店してみてよく売れたなら、説明仮説は正しいと考えられます。そうでなければ、仮説に修正を加える必要があります。

補足 帰納的思考とアブダクションの違い

アブダクションは部分的な事実から一般論を導くという点で帰納的思考と似ていますが、両者には違いがあります。例えば木からリンゴが落ちるのを見て、「すべての物体は落下する」と考えるのが帰納的思考で、「物体の間には引力が働いている」といった目に見えない因果まで考えようとするのがアブダクションです。

思考のヒント

3つの推論法の関係性

推論は前提の内容を分析することで部分の情報を結論として述べる「分析的推論」と、部分的な事象から全体や一般論を述べる「拡張的推論」の2つに分類されます。演繹、帰納、アブダクションはそれぞれ右図のように位置づけられ、仮説の創出をアブダクション、具体化を演繹、検証を帰納で行い、論理を強化していきます。

『アブダクション　仮説と発見の論理』
（米盛裕二著、勁草書房）を参考に作成

06 要素分解
物事を構成要素に分けて考える

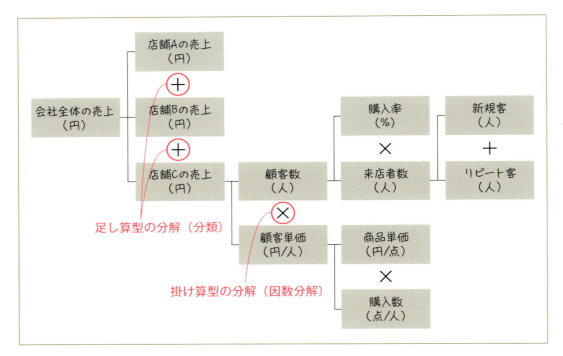

基本情報

「要素分解」とは、そのままでは考えるのが困難である複雑な対象を小分けにする方法です。例えば、上司と部下のコミュニケーションの問題について考えるとき、上司側に問題があるのか、部下側に問題があるのか、それはコミュニケーションスキルの問題なのか、それともマインドの問題なのか、はたまた業務の忙しさによる問題なのか……といった具合に細かく要素を見ていきます。そのままでは漠然としていて深掘りしにくいことも、分解すれば考えやすくなります。

ビジネスの場面での代表的な使い方では、売上を分解していき、問題を特定して対策を考えるシーンがあるでしょう。ここでは、足し算の形になる「分類」と、掛け算の形になる「因数分解」の2つの分解について紹介します。

考え方

❶ **[足し算型の分解（分類）をする]**：分解したものを足し算すると元に戻るような、「足し算型の分解」があります。左ページの例では売上を「店舗Aの売上」「店舗Bの売上」「店舗Cの売上」のように分けて考えています（※この例では店舗A～Cはそれぞれ完全に独立しており、互いに関与のない事業を扱っているとします）。

補足　抽象度をそろえる

足し算型の分解は小分けにした概念の抽象度が等しくなければなりません。つまり、すべてを足し算すると元に戻るかどうかを考えておくことが大切です。左の例でいえば、店舗A～Cの売上の合計が会社全体の売上に等しくなる必要があります。MECE（参照→07）を意識しておきましょう。

❷ **[掛け算型の分解（因数分解）をする]**：対象となる物事を因数に分解する方法です。具体的には、売上を「顧客数」と「顧客単価」に分解するようなことです。こちらは分解した因数を掛け算すると元に戻ります（顧客数×顧客単価＝売上）。さらに顧客単価を「商品単価」と「1人あたりの購入数」に因数分解することもできます。

❸ **[問題を特定して解決策を考える]**：分解した各要素に対する調査を行い、問題を特定して解決策を考えます。こうして適切なサイズに分解していくことで、解決策が考えやすくなるのです。漠然とした問題にぶつかったときは、その問題をどう小分けにできるかを考え、アクションを探していきましょう。

思考のヒント

正しく分解できるものは正しく組み立てられる

分解するときの肝は、対象を「正しく理解すること」にあります。理解したものは分解でき、分解できるものは組み立てることもできます。この思考法が目指す到達点は、物事を理解・分解し、目的に応じて再構築できる力を得ることともいえます。

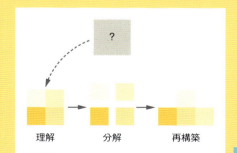

理解　→　分解　→　再構築

07 MECE
漏れなくダブりなく考える

月々の美容にかける予算 \ 年齢	20歳未満	20歳〜30歳未満	30歳〜40歳未満	40歳〜50歳未満	50歳〜60歳未満	60歳以上
5,000円未満	✓	✓	✓	✓		
5,000円〜1万円未満	✓	✓		✓		✓
1万円〜1万5,000円未満	✓	✓			✓	✓
1万5,000円〜2万円未満		✓	✓			
2万円〜2万5,000円未満		✓				
2万5,000円〜3万円未満		✓	✓	✓	✓	✓
3万円以上		✓	✓	✓	✓	✓

※ニーズ調査を行うために顧客層の分け方を考えている例

基本情報

　MECE（ミーシー）とは「Mutually Exclusive and Collectively Exhaustive」の頭文字を取った言葉で、「漏れなくダブりなく」という意味です。問題点の洗い出しや、市場調査を始めとする情報の収集・整理・分析において重要な考え方であり、論理的な思考に取り組むうえでも欠かせません。

　情報収集をするとき、漏れがあると本来集めるべき情報が不足することになります。ダブりがある状態では、集めた情報の分類があいまいになったり、調査が重複してコストが増えたりします。

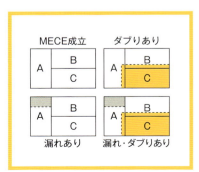

考え方

❶[情報収集の目的を設定する]：情報収集の具体的な内容や方法を決める前に、まずは目的を決めます。例えばマーケティング施策を考える際、「自社のサービスを利用している顧客の属性別ニーズを知ること」を目的とするような場合があるでしょう。

❷[情報収集の切り口を決める]：目的に沿って、情報を収集する切り口を考えます。切り口を考える際は、「目的に関係する変数は何か」という問いを持って考えます。具体例を挙げると、目的が「自社のサービスを利用している顧客の属性別ニーズを知ること」だとして、これがもし女性限定のエステ店であるなら「性別」という切り口を用意しても意味がありません。この場合、「年齢」や「月々の美容にかける予算」などを切り口として考えてみるのが妥当でしょう。目的とする分析内容から逆算して、どんな情報を集めると判断材料が得られるかを意識して切り口を設定します。

❸[漏れとダブリをチェックする]：設定した切り口でMECEが成立しているかをチェックします。例えば、年齢の属性で「20歳未満」や「70歳以上」といった項目が抜け落ちてしまうのが漏れで、「若い女性」「女子大生」「20代女性」のようにあいまいな切り口が混在するのがダブリです。漏れが生じている場合には項目の追加を、ダブリが発生していたら統合や分割をして調整します。このとき、特に気をつけたいのは漏れです。ダブリについてはコストが増えるものの、後々修正していくことも可能ではあります。一方、漏れについては一度発生してしまうと最後まで気づかないという事態になりかねません。

思考のヒント

必要な情報の細かさを調整する

MECEは論理的な思考に必要な考え方ですが、こだわりすぎには注意が必要です。細部にこだわりすぎると、本来の目的を見失ったり、時間切れになりかねません。仮説思考（参照→48）の考え方を活かしながら、いまはどの程度詳細な情報が必要かという「適切な粒度」を考えながらMECEを活用することが大切です。

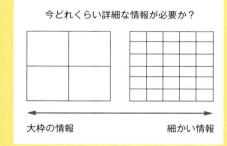

今どれくらい詳細な情報が必要か？

大枠の情報 ← → 細かい情報

08 PAC思考

前提と仮定を疑い、思考の精度を高める

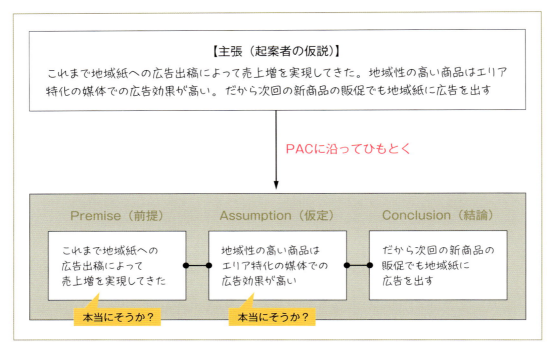

基本情報

「PAC思考」とは、Premise（前提）、Assumption（仮定）、Conclusion（結論）の3項目に着目し、結論の妥当性をチェックすることで、思考の精度を高める思考法です。批判的思考を行うための具体的な思考法の1つとなります。

　論理的な主張は、結論と前提が正しく結びついているものでしたが、その結論と前提の間に存在するのが仮定です。PAC思考はその仮定の正しさを疑い、主張の妥当性を確認するものです。前提や仮定を疑ったときに、その疑念を払しょくできないのであれば、仮定の立て方や結論を考え直す必要があります。問題の分析力を高められるほか、自身の構築した論理が正しいかどうか、相手の出している結論の背景に何があるのかを考えることで、建設的な議論ができるなどのメリットがあります。

考え方

❶ **[テーマをPACに沿って分解する]**：PAC思考で検証したいテーマ（主張）を設定します。左ページの例では新商品の販促の方向性における、現状の仮説を主張として設定しています。設定したテーマを前提（P）、仮定（A）、結論（C）にそれぞれ分解します。

❷ **[仮定の正しさを確かめる]**：PACの項目に分解できたら、まず仮定に注目し、その正しさを検証するための問いを投げかけます。左ページの図を例にすると、「地域性の高い商品はエリア特化の媒体での広告効果が高い」という仮定は本当に正しいかを考えます。時代の変化で地域紙の読者数が落ち込み、この仮定が適用できないとわかれば、結論を修正する必要があります。

補足 仮定と仮説は異なる

「仮定」と「仮説」という言葉が登場していますが、これらは異なるものです。ここではPAC思考によって検証する対象が仮説、その仮説を構成する結論と前提の間にあるのが仮定です。この仮定を疑うことで、仮説全体の正しさを検証します。

❸ **[前提の正しさを確かめる]**：前提としている情報が間違っていることは珍しくありません。完全に誤りではないにしても、個人の解釈によって美化されていて、判断材料として不適切である場合があります。左ページの例に「これまで地域紙への広告出稿によって売上増を実現してきた」とありますが、本当に因果関係があるのかを客観的に見直してみる必要があるでしょう。もしこの主張をしている本人が当時の広告担当者だったら、自分の仕事をアピールしたい気持ちが入っている可能性があります。

思考のヒント

前提は変わっていく

変化のスピードが速い現代において、前提の正しさがガラリと変わるのは日常茶飯事です。1年前に正しかったことが、いまは通じないこともあるでしょう。活路が見出せないときは、過去の経験から導かれた結論の仮定や前提を（健全に）疑ってみましょう。突破口を得ることができるかもしれません。

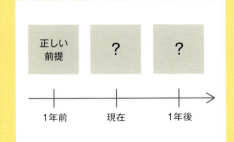

09 メタ思考
物事を1つ上の視点からとらえて思考の質を高める

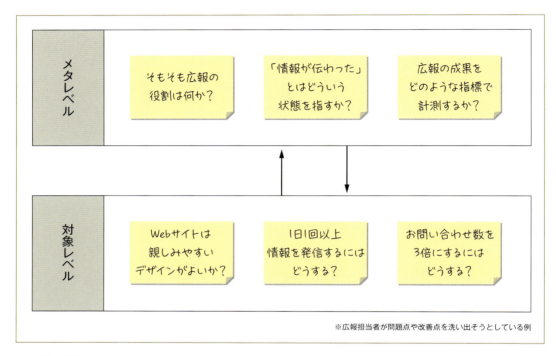

※広報担当者が問題点や改善点を洗い出そうとしている例

基本情報

「メタ思考」とは、「思考についての思考」のことです。具体的に何らかの思考を行っている自分自身を、客観的かつ俯瞰的に見つめ、「何を考えるかを考える」「どう考えるべきかを考える」という思考法となります。

　行動や意思決定などの具体的なアウトプットを思考の対象とするのが「対象レベルの思考」、その対象レベルの思考をさらに思考の対象とするのが「メタレベルの思考」です。メタレベルの思考を行うことで、論点や判断基準が明確になるため、最終的なアウトプットの質を高めることができます。

考え方

❶ **[対象レベルの思考を可視化する]**：直面している問題や取り組んでいる課題について、具体的に考えている内容を書き出して可視化します。左ページの例は、広報担当者が現状の問題点や改善点を洗い出そうと考えている例です。

❷ **[メタレベルで考える]**：考えている対象を高い視点から（高い次元から）考えます。何を考えるべきか、どのようなプロセスで考えるべきかを考え、思い浮かぶことを書き出します。考えたいテーマにもよりますが、対象レベルの思考とメタレベルの思考は下記のような要素を意識的に使い分けて考えてみてください。

例　それぞれのレベルで考える要素
　メタレベル：上位概念、考えるべき項目、考えるプロセス、評価基準、意味など
　対象レベル：下位概念、具体的な行動内容、計画、目標設定、事実など

❸ **[対象レベルの思考に反映する]**：メタレベルで考えた結果を対象レベルの思考に反映します。❶の段階で考えられていなかった点について考えたり、明確な基準を設けたことで変更すべき内容を具体的に考えたりします。

❹ **[メタレベルと対象レベルの行き来を繰り返す]**：対象レベルの思考、メタレベルの思考を継続的に繰り返しながら、最終的なアウトプット（行動内容）の質を高めていきます。

思考のヒント

既存の枠組みの外に出て考える

客観的に高い視点から自分を見つめるには、「内からの視点」だけでなく「外からの視点」を持つこと、そして「具体的な視点」だけでなく「抽象度の高い視点」を持つことがポイントです。

物事を考える際、内側と外側、具体と抽象の視点を意識してみましょう。

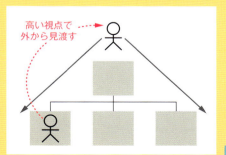

10 ディベート思考
賛否両論を考えることで論理の理解力を高める

論題：営業部門にリモートワークを採用すべきである

賛成意見①	反対意見①	賛成意見②	反対意見②
・会社に出社しなければいけないという制約をなくすことで、担当エリアを広げることができる	・細かい拠点数を増やすという方法もある ・営業部門には情報共有や緊急時の対応力が必要で、メンバー同士のコミュニケーションが必要不可欠。リモートになってメンバー同士が疎遠になるのは問題がある	・拠点（オフィス）を増やすにはコストがかかる。リモートであれば低コストで実現できる ・いまは営業支援ソフトが進化しており、情報共有は可能 ・Webミーティングの頻度や内容を工夫することで解消可能	・5拠点展開しており、拠点運営のナレッジは蓄積済み。新しい体制を取るより総合的なコストは低い ・業務面の報告や相談はツールで可能だが、ちょっとした情報の共有や言葉にできない些細な違和感の共有が難しい

基本情報

　ディベートとは、論題に対して賛成・反対の立場に分かれて議論を行い、ジャッジマンを説得する過程を通して、論題に対する最善の解を探すものです。日本語にすると「討論」です。賛否両論が出てくるため、物事を論理的に考える方法としても有効です。

　このディベートの考え方を問題解決の場面に持ち込むことで、物事を論理的にとらえ、多様な視点で意見をぶつけ合わせながら、よりよい結論を探究するのが「ディベート思考」です。通常ディベートは2人以上で行うものですが、ここでは討論の特長を活用した「ひとりディベート」の考え方を紹介します。

考え方

❶ **[論題を設定する]**：検討している事柄を論題に設定します。論題の内容は、具体的なアクションにつながるかどうか、そして賛成・反対に分かれることができるかどうかを意識して設定します。表現のフォーマットとしては「〇〇すべき」の形がオススメです。例えば左ページの例では「営業部門にリモートワークを採用すべきである」を論題にしています。これがもし「未来の働き方はどうなる？」となると大まかな議論になってしまい、結論を重視するディベート思考には向きません。

❷ **[賛成意見を出す]**：論題に対して賛成の立場に立ち、賛成意見を思いつくだけ書き出します。5分間などの制限時間を決めておき、その時間内に書き出すようにします。

❸ **[反対意見を出す]**：次に、反対の立場に立って、論題に対する反対意見を書き出します。「〇〇すべきでない」と思われる理由やデメリットなど、賛成意見として書き出した内容に対する反論を書き出していきます。

❹ **[賛成と反対を繰り返す]**：また賛成側の立場に立ち、反対意見に対して反論します。以降、賛成・反対の意見出しを数回繰り返します。各立場における意見の内容はもちろん、開始時点で見えていなかった争点があぶり出されているかにも注目しましょう。

❺ **[結論を出す]**：賛成・反対の意見を出し終えたら、中立の立場で議論の全体像を振り返ります。重要な争点は何か、より説得力のある意見は何か。意見をぶつけ合わせてみることによって得られた理解や気づきをもとに、最終的な意思決定を行います。

思考のヒント

メリット・デメリットを整理する

ディベート思考を取り入れるには、物事のメリット・デメリット両面を俯瞰して見つめる能力が必要不可欠です。日々の業務の中で行うちょっとした選択や判断の際に紙に書き出して整理するなどして、メリット・デメリットを偏りなくとらえられるようトレーニングしていきましょう。

第1章のエクササイズ ❶

　第1章では、論理的思考や批判的思考を軸に、問題発見や課題設定に活きる思考法を見てきました。本項では、論理的思考を行うにあたり欠かせない要素分解（参照→06）について掘り下げて考えてみます。テンプレートをWebでダウンロードできるので、自身が実際に抱えている課題の分解にも取り組んでみましょう。

「利益」を要素分解してみよう

　試しに「利益」を分解してみます。分解の仕方や粒度は目的によって変わります。正解が決まっているものではないので、下図はあくまで参考に留め、自分なりに分解してみてください。

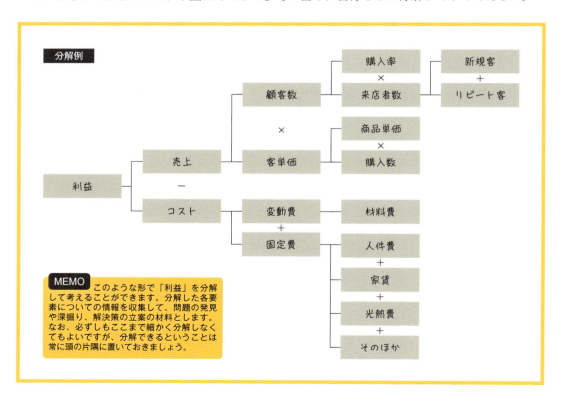

身の回りの様々な要素を分解してみよう

　左の例では「利益」を分解してみましたが、ほかにも日々の業務で扱う様々な要素を分解して考えることができます。自身が向き合っている指標や数字を分解してみるとどうなるか、ぜひ考えてみましょう。

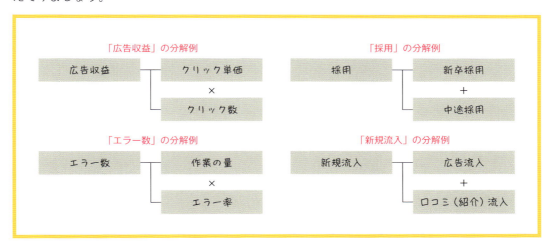

プロセスを分解してみよう

　プロセスを分解することもできます。下図は、新しいサービスの契約者数を増やすため、説明会を告知するDMの送付から契約までを分解している例です（実際にはDM以外からの参加もあることが普通なので、もう少し複雑になります）。

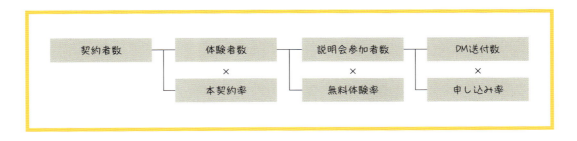

第1章のエクササイズ ❷

　第1章では思考の基礎体力をつけることを目的として、論理的思考や批判的思考を紹介しました。これらはあらゆる思考のベースとなるので、しっかりと鍛えておきましょう。そのトレーニングとして最適なのが、前述の「ひとりディベート」です。

検討していることをディベート思考で揉む

　ディベート思考（参照→❿）は、特定のテーマに対して賛成・反対の両意見をぶつけ合わせることで、最善の結論を見出そうとする思考でした。自分ひとりで実践できる「ひとりディベート」の手順を振り返っておくと、考える項目は下記の通りです。

　　❶ 論題を設定する
　　❷ 賛成意見を出す
　　❸ 反対意見を出す
　　❹ 賛成と反対を繰り返す
　　❺ 結論を出す

　本項では「社員向けに実施している研修を内製化すべきだ」という意見を論題として設定し、思考を展開してみます。ノートや白紙の紙を縦に区切れば、いつでも実践可能です。自分がいま抱えている課題、プレゼンしたいと思っている内容などを論題に設定し、賛否の両面から考えてブラッシュアップしてみましょう。

列挙ではなくぶつけ合わせることに価値がある

　仕事で何かのメリットとデメリットを一覧で書き出すという経験をした人はいるでしょう。ディベート思考でも、これらを正しく把握することは必要不可欠です。ただし、ディベート思考の本質的な魅力は、メリットとデメリットの列挙や可視化ではありません。それらをぶつけ合わせることで得られる思考の深化、新たな発見、他者視点の獲得にこそ魅力があります。

ひとりディベートをしてみよう

　下記は「外注している社員向け研修を内製化すべきだ」という論題でひとりディベートを行った例です。このように論題に対する賛成意見・反対意見を繰り返し出しながら、思考を掘り下げてみましょう。

外注している社員向け研修を内製化すべきだ

賛成意見①	反対意見①	賛成意見②	反対意見②
・教育が必要な内容が細分化しており、外部の講師では対応できなくなっている ・内製化した方が小回りの利く内容にできる	・細分化した内容を整理し、それを小分けにして研修会社に依頼すればよい ・小回りを利かせる必要があるのは、事前に育成計画が立てられていないからであり、年間計画を立ててからスタートすれば問題ない ・教育や学習に関する理論やメソッドは専門スキルであり、社内だけで運用するのは難しい。外部の力が必要	・細分化された内容を教えるには、現場での経験が必要となる。外部の人間では対応できない （これに関しては反論意見が思い浮かばない。育成計画は確かに不足している） ・人事部の中に、研修の方法やメソッドを開発していく専門のプロジェクトチームをつくることもできる	・そこまで細分化したものをそもそも1対多の研修で教育しようとするのは無理がある。細かい部分はOJT方式にし、基礎知識を研修として外注すべきだ ・素人集団が専門のプロジェクトチームを立ち上げたからといってノウハウが得られるわけではない。やはり外部からのサポートが必要

コラム　思考のズームインとズームアウト

　第1章では、論理的思考や批判的思考を中心に、物事を考えるための下地となる思考法について触れました。より物事を多面的にとらえるために押さえておきたいのが、「全体と部分」の視点です。

◯ 全体をとらえる力が必要不可欠

「木を見て森を見ず」という、部分にとらわれて全体を見失うことへの注意をうながす言葉があります。これは問題解決においても重要で、思考の質を高めるには問題の全体像をとらえる「全体観」が必要不可欠です。なぜなら全体観がないと、何を何のために考えているのかという「目的」や「現在地」を見失ってしまうためです。

　もちろん「部分は見なくてもよい」というわけではありません。具体的に行動を起こす際、施策を打つ際、ニーズを観察する際には、部分を細かく見る力は必須です。つまり、問題解決に取り組むうえでは、バランスよく全体と部分を行き来できることが重要になります。

◯ ズームイン（全体から部分）とズームアウト（部分から全体）を行き来する

　全体と部分、その両方を正しくとらえるために必要な視点の動きが「ズームイン」と「ズームアウト」の2つです。ズームインは、見る範囲を絞り込むものの見方。一方のズームアウトは、全体をつかむために、見る範囲を広げるものの見方です。

　目の前の業務に集中していると、どうしてもズームインになりがちです。部分的な情報なのに、全体的な傾向と勘違い

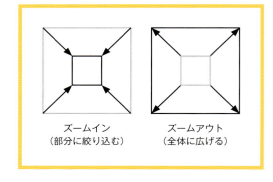

ズームイン（部分に絞り込む）　　ズームアウト（全体に広げる）

してしまうこともあるでしょう。より効果的に思考を行うために、部分に寄りすぎていると感じた際にはズームアウトを、逆に具体的な情報が不足しているときにはズームインを意識して、情報のとらえ方を調整します。森も木も見て考えるのが理想です。

第2章 アイデアの発想力を高める

- ⑪ ブレインストーミング
- ⑫ 類推思考
- ⑬ 水平思考
- ⑭ 逆説思考
- ⑮ IF思考
- ⑯ 素人思考
- ⑰ トレードオン思考
- ⑱ プラスサム思考
- ⑲ 弁証法
- ⑳ ストーリー思考
- ㉑ 2軸思考
- ㉒ 図解思考

アイデアの発想力を高める

第2章では、新しい商品やマーケティング施策、業務改善策を考える際など、アイデアを生み出す必要のある場面で活きる思考法を取り上げます。具体的な思考法に入っていく前に、アイデアを考えるということそのものについて、少し考えてみましょう。

アイデアとは何らかの問題を解決するもの

アイデアとは、何らかの問題を解決する方法のもとになる着想です。思いつきで終わらない有効なアイデアを生み出すためには、自分たちがどんな問題を解決しようとしているのかについてしっかりと理解しておくことが大切です。本章の内容を実践するときには、アイデアを考える目的を明確にしておきましょう。

新しいアイデアは要素の組み合わせによって生まれる

一般に、新しいアイデアはゼロの状態から生まれるのではなく、既存の要素の新しい組み合わせで生まれることが多いです。

例えば「本」を「電子端末」という技術と組み合わせることによって「電子書籍」が生まれました。同じように、「本」と「カフェ」を組み合わせると「ブックカフェ」というアイデアへと発展していきます。つまり、既存の要素を理解しておかないと、新しいアイデアを考えるのは難しいといえます。

要素の理解には、「思考対象に関する情報」と「異分野の情報」の2つの視点が必要となります。本について考えるのであれば、「本」が持つ特徴や文化に関する情報が必要です。加えて、本とは異なる分野の情報（上記の例でいえば電子端末やカフェについて）も必要になります。

よって、分野を問わず多様な情報に触れることが大切です。豊かな組み合わせを考えられるように、発想の素材を増やしていきましょう。

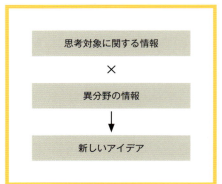

発散する思考と収束する思考

アイデアを考えるときに意識しておきたい頭の使い方があります。それは「発散」と「収束」です。発散とは、特定の情報から思考を広げていくことです。目の前の情報やアイデアをもとに、「こんなことも考えられるのではないか」と様々な視点でアイデアを広げます。

発散の段階では、アイデアの質よりも量を重視します。最初から質にこだわりすぎてしまうと、十分に広げることができず、有効なアイデアが生まれにくくなるためです。

もう1つの収束とは、複数の情報を特定のアイデアへと統合したり、絞り込んでいく思考です。発散によって増えたアイデアをまとめていくプロセスといえます。

このように、発散と収束はセットで活用することが大切です。発散しては収束し、また発散しては収束するという繰り返しの中で、アイデアの質を高めていきます。

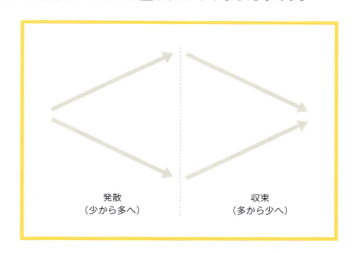

発散
（少から多へ）

収束
（多から少へ）

他者の知識や経験を積極的に借りる

新しいアイデアを生むために組み合わせを考えたり、発散と収束を繰り返しながら思考を深めたりするには、自分1人の考え方だけでなく、多種多様な人の知識や経験、考え方を積極的に借りることが大切です。自分1人が経験できる物事の量と、思考を深められる範囲には限界があります。既存の枠組みを超えるような新しい着想を得るには、異なる経験を持った人の視点が必要なのです。

本書では自分で物事を考える思考力を鍛えていきますが、他者へ積極的に働きかけてアイデアを借りるという姿勢も大切にして、本章の思考法を活用してほしいと思います。

11 ブレインストーミング

自由発想によって思考の幅を広げる

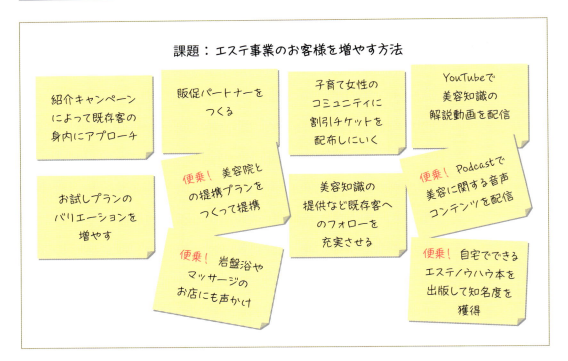

基本情報

「ブレインストーミング」とは、アレックス・F・オズボーンが考案したアイデアの自由発想を行うための思考法です。「ブレスト」や「BS法」とも呼ばれ、会議やワークショップの場において、集団でアイデアを出す際には欠かせないものとなっています。

ブレインストーミングでは、アイデアの発散と収束を意識的に区別します。まずポイントとなるのは、評価は後回しにして「発散し尽くす」ことです。アイデアを出そうとする段階で評価を入れてしまうと、発想の幅が広がる前に収束してしまい、思考の柔軟性を妨げてしまうからです。そのために、リラックスできる環境を用意し、「批判しない」「自由に発想する」「質よりも量」「アイデアを結合する」という4つのルールの下で発想していきます。

考え方

❶ **[課題を決める]**：何についてアイデアを発想するのか、課題を設定します。

❷ **[メンバーを集める]**：一緒にアイデアを発想するメンバーを招集します。課題に関する経験を持っている、課題に対する熱意がある、解決策を考えるために有効な知識を持っている人たちから、多様なメンバーを招集します。

❸ **[グランドルールを共有する]**：参加するメンバー間で下記のルールを共有します。

批判しない	評価は保留し、すべてのアイデアを受け入れる
自由に発想する	既存の思考の枠組みや実現可能性にとらわれず考える
質よりも量	よいアイデアを出すよりも、たくさんアイデアを出すことを重視する
アイデアを結合する	他者の出したアイデアに積極的に便乗したり、組み合わせたりする

❹ **[アイデアを出す]**：❸のルールの下で発想します。まずは考えられるアイデアをすべて出し切ることを目指します。出し切ったと思ったら、アイデアをズラすなどして、さらに多くのアイデアを生み出せるよう工夫します。アイデアに新しい視点を加えるには、水平思考（参照→⑬）や逆説思考（参照→⑭）、IF思考（参照→⑮）が有効です。

❺ **[アイデアをまとめる]**：列挙したアイデアを整理し、有効性の高いものを具体的に掘り下げていきます。アイデアを整理する手法としては、第5章で紹介するKJ法（参照→㊿）が有効です。

思考のヒント

出し切ったと思ってからもう一歩踏み込む

ブレインストーミングではアイデアを出し切ることにこだわります。「もうこれ以上発想できない」と思った限界点から、他者の経験や視点を活かしながらもう一歩踏み込んで発想することが大切です。既存の枠組みを超えることで、有効性のある新しいアイデアや視点を得ることができます。

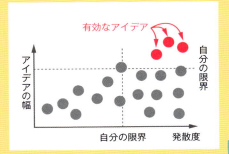

12 類推思考

似ている物事から特徴を抽出して応用する

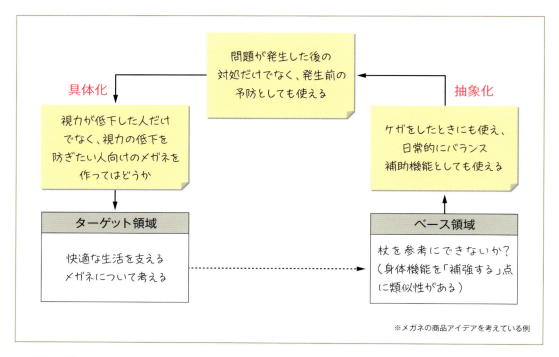

※メガネの商品アイデアを考えている例

基本情報

　「類推思考」とは、異なる物事の間にある類似性に着目し、思考対象となる課題に応用する思考法です。似ている物事から発想のヒントを「借りる」考え方となります。

　課題に対して、あらゆる物事から思考の材料を抽出して応用できる点が類推思考の魅力です。過去の出来事や競合他社の取り組み、さらには日常的に行う料理や掃除などの行為、鳥や犬といった生物の持つ特徴など、様々な物事から思考を発展させることができます。

　類推思考は抽象化と具体化の2つの段階で構成されます。最終的に目的とする思考領域を「ターゲット領域」、思考の材料を借りる先を「ベース領域」と呼びます。ベース領域の持つ性質を抽象化して、ターゲット領域へ具体的に落とし込んでいく、という流れで考えます。ここでは類推思考の考え方を5つのプロセスに分割して説明します。

考え方

❶ [**ターゲット領域を設定する**]：新商品の企画や問題の解決策など、考えようとしている課題を設定します。左ページの例では、メガネの新商品アイデアを考えることをターゲット領域に設定しています。

❷ [**ベース領域を設定する**]：ターゲット領域と類似性を持つような物事を探し、ベース領域として設定します。ベース領域を探す際、ターゲット領域の内容を分解しておくと考えやすくなります。メガネであれば、「視力という身体機能を補強する機能」や「身につけるツール」などへ分解します。そして、その分解した要素と共通点のある物事を探します。ここでは「杖」をベース領域に設定しています。

❸ [**ベース領域の特徴を抽出する**]：ベース領域の持つ構造や関係性、流れ、プロセス、制度などにおける特徴を抽出します。ターゲット領域よりも優れている点や先進的な点、インパクトのある点を探します。

❹ [**抽出した特徴を抽象化する**]：ベース領域から抽出した特徴をほかの場面でも活用できるように、普遍的なポイントや理論、メカニズム、教訓として抽象化します。何が特徴的なのか（What）、その特徴はなぜ特徴的なのか（Why）を考えます。

❺ [**ターゲット領域に応用する**]：抽象化したポイントや理論をターゲット領域に当てはめる方法を考えます。ここでは具体化や個別化を考えることになります。

思考のヒント

異なる場所にある同じ形を探す

類推思考は、同じ形を用いて欠けている要素を補う思考ともいえます。ベース領域にある要素がターゲット領域に足りていないとき、その要素を補うことで問題を解決できないかと考えることには意義があります。逆にベース領域がシンプルであるのに対し、ターゲット領域が複雑な場合、要素を削ってみてはどうかと考えてみます。

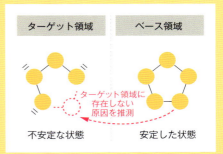

13 水平思考

連続した論理から逸脱して新たなアイデアの切り口を考える

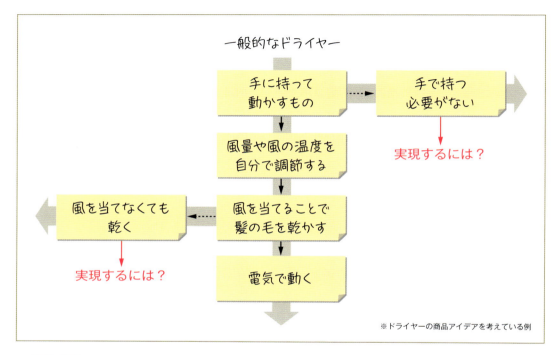

※ドライヤーの商品アイデアを考えている例

基本情報

「水平思考」とは、論理的な正しさに縛られず柔軟に発想を広げる思考法です。第1章で紹介した論理的思考が連続的な縦の思考を行うことから「垂直思考」と呼ばれるのに対し、非連続で論理を横にズラすような思考を行うため、水平思考と呼ばれます。

垂直思考は合理的な結論を出せる一方で、既成概念やセオリーにとらわれて斬新な発想を生み出しにくいという弱点を持っています。それに対して水平思考では、「〇〇なら△△」という一般的な論理の正しさをあえて崩すことで、飛躍的な思考を行うことができます。

飛躍的で自由な発想をするため、新しいアイデアを考えるのに向いています。ただし、誰もが納得できるようなアイデアを発想するのには向いていません。実用化を考える段階では垂直思考（論理的思考）が不可欠で、双方をセットで活用できる力が必要になります。

考え方

❶ **[テーマを決める]**：思考の対象（テーマ）を設定します。問題を解決するアイデアをテーマにする場合もあれば、解決したい問題そのものをテーマにする場合もあります。

❷ **[論理的に考える]**：考える対象を設定したら、まずは論理的に考えてみます。暗黙の前提やセオリーとなっていることを言語化する作業といえます。左ページの例では、ドライヤーに対して一般的な論理に沿って考えられることを書き出しています。このとき、不満や不便を感じている要素を可視化できると、より有効なアイデアを考えやすくなります。

❸ **[水平移動でギャップをつくる]**：論理的に考えたアイデアをズラすような「水平移動」を行います。例のように、ドライヤーは手で持つもの、という前提を崩してみることで、新しい発想の切り口が生まれます。水平移動の際には、正しいとされる既存の前提をいったん無視してみる、あるいは大胆に変えてみることが大切です。当たり前だと思っていることを意識化したうえで、その当たり前を疑い、問い直してみましょう。

❹ **[ギャップを埋める（連結する）]**：水平移動したものをテーマに連結させるアイデアを考えます。水平移動させると既存のアイデアとの間にギャップができ、そのままでは実際に活用することが難しいので、そのギャップを埋める必要があるからです。例えば、手に持つ必要のないドライヤーを実現するにはどうすればよいかを考え、「ほどよい高さにドライヤーを固定するスタンドをつくる」「ドライヤーを当てるために動き回ってくれるロボットを開発する」など、新しい発想の切り口を得ます。そこからは、活用可能なアイデアを論理的に考えることでアイデアを磨いていきます。

思考のヒント

水平移動の切り口を増やす

水平移動の切り口に迷った場合は、発想系のフレームワークを活用するとよいでしょう。例えば、転用・応用・変更・拡大・縮小・代用・置換・逆転・結合の9つの切り口で発想を支援する「オズボーンのチェックリスト」が便利です。

転用	応用	変更
拡大	縮小	代用
置換	逆転	結合

オズボーンのチェックリスト

14 逆説思考

常識の逆を考えることで新たな発想の切り口を探す

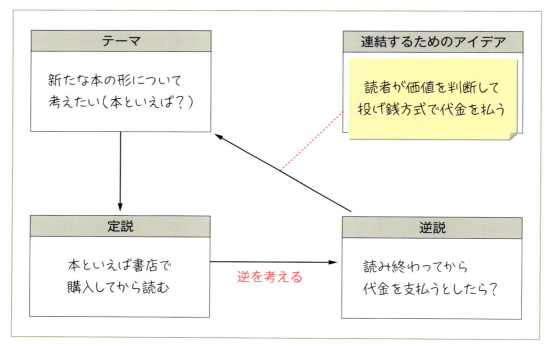

基本情報

「逆説思考」とは、一般的に正しいと思われていることの「逆」を考えることで、新しい発想の切り口を探す思考法です。常識や定説にとらわれない柔軟な発想をうながすもので、「そもそも論」を問い直して真理に迫る思考ともいえます。

定説とされていることは、あくまでも過去を基準にしたものです。鵜呑みにせず、時代の変化の中でよりよくできるかどうかを検討してみることは重要です。

既存のものの見方の枠組みを脱したり、相対化して物事をとらえられる点が逆説思考のメリットです。思考に行き詰まったときやマンネリ化に悩んだときは、既存のアイデアや前提の逆を考えると何が得られるだろうかと問い、新たな視点を獲得できないか模索してみましょう。

考え方

❶ **[テーマを決める]**：新商品の企画やマーケティング施策の立案など、新しい視点が必要な課題をテーマに設定します。左ページの例では、新たな本の形について考えています。

❷ **[定説を考える]**：設定したテーマについて、まずは一般的に正しいとされる定説を考えます。これは暗黙の前提を言語化するステップであり、これまでの常識や成功体験から考えられることを書き出します。

❸ **[逆説を考える]**：定説として書き出した内容の逆を考えます。まだ誰も意識していない部分や、根本的なことに着目するほど、革新的なアイデアにつながりやすくなります。「○○なのに××」という形式を意識すると考えやすいでしょう。例えば「本屋なのに（通常は本を売るはずなのに）、本を売らない」など逆説的な切り口を設定し、そこからアイデアを考えます。

❹ **[アイデアを考える]**：逆説を考えることで得られた視点から、テーマに活用できるアイデアを考えます。このアイデアを連結させるプロセスでは、必然的にテーマの本質を考えることになりますが、これが逆説思考のポイントです。左ページの例の場合、通常は代金を支払った後に読むのに対し、「読み終わった後に代金を支払う」という逆説を考えることで、「本とは何か」「知を共有するとはどういうことなのか」といった「そもそも論」を考え直すことができます。より深い部分から、異なる見方ができないか検討してみましょう。

思考のヒント

反対の状況や意見を想定してみる

逆説思考を行うには、「逆」を考える力が必要不可欠となります。日々の身近なシーンで、逆を考える習慣をつけていくことが大切です。その際「対義語」に注目してみると、逆を考えるキッカケになります。いきなり逆説を考えるのが難しい場合は、キーワードの対義語を考えることで、逆の世界を想像してみてください。

キーワード	対義語
重い	軽い
ある	ない
必要	不要
動く	止まる

15 IF思考

仮の前提や条件を設定して発想の幅を広げる

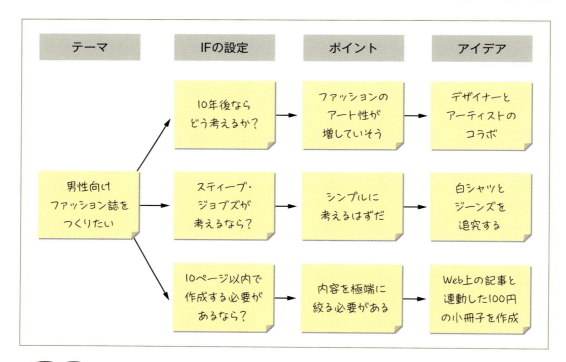

基本情報

「IF思考」とは、「もしも○○だったら？」という仮の状況や条件を想定することによって、発想を促進する思考法です。既存の思考の枠組みの中では得られない、新しい着想を獲得できる点が魅力となります。

　IF思考を取り入れる中で意識しておきたいポイントは、IF（もしも）という問いによって、前提を変えているということです。前提を変えるというのは様々な思考法の中で登場するエッセンスですが、既存のものの見方では前提を変えるのはなかなか難しいものです。

　そんな中、これまでと異なる条件を設定するというプロセスを意識的に組み込むことで、前提にとらわれない発想を得られることがIF思考のメリットです。日頃から「もし○○なら」という問いを持ち、様々な視点をストックしていくことが重要です。

15　IF思考

考え方

❶ **[テーマを決める]**：発生している問題や、商品やサービスのアイデアを考える際のテーマを設定します。

❷ **[IFを考える]**：テーマに対して自分なりにひと通り考えたら、IFを用いて別の状況を仮定して考えてみます。自身が思考を深めたい理由や目的を考えながら、IFを検討します。代表的な切り口としては、下記のようなものがあります。

制約の仮定	既存の制約やルールを取り払う、あるいは変更して考えてみる
状況の仮定	「自社の従業員数が10倍だったら？」など特定の状況を仮定して考えてみる
人物の仮定	歴史上の偉人や著名人、上司や部下、仲間など、別の人物の視点に立ってみる
時間の仮定	いまこの瞬間だけでなく、過去や未来の視点に立って考えてみる
地理の仮定	別の地域や異なる広さの尺度の中で、立ち位置を変えて考えてみる

❸ **[ポイントを抽出する]**：IFを設定したことによって、通常の思考と比べてどのような変化が起きるかを考えます。例えば「スティーブ・ジョブズであればどう考えるだろうか？」とIFを設定したのであれば、「自分より物事をシンプルに考えるはずだ」といった具合に、思考の基準となる要素を抽出します。

❹ **[アイデアを発想する]**：設定したIFの視点に立ち、抽出したポイントを意識しながらアイデアを考えます。複数のIFを設定することで、既存の思考の枠組みを外しやすくなります。

思考のヒント

極端な状態を仮定してみる

極端な状態を仮定して考えてみると見えてくるものがあります。例えば、「もしこの商品で100万円の利益を出す必要があるとすると？」と考えるのと、1億円の場合で考えるのとでは、見え方が違います。思考が固まっているなと感じたときは極端な仮定を試してみましょう。

57

16 素人思考
素人・初級者の目線で物事を考える

	チェック	メモ
単純か？	✕	競合と差別化しようとするあまり、機能が複雑になりすぎている。40％くらいは不要な気がする
素直か？	✕	必要以上にニッチを攻めようとしている。コンセプトもいまいちよくわからなくなっている
自由か？	△	柔軟に考えている方だと思うが、収益性を意識しすぎて思考に制約を与えているかもしれない
簡単か？	✕	機能の複雑化に伴って、操作が難しくなっている。使っている言葉も専門性が高くなってきている

※既存サービスについて素人思考でとらえ直している例

基本情報

「素人思考」とは、その分野の初心者の目線で物事を考える思考法です。知識や経験を積むことで、枝葉が見えるようになります。物事を深く掘り下げていくうえで、細かく見ることは重要ですが、時としてそれが思考の妨げとなる場合があります。

例えばアイデアを考える際、自身の経験や、多くの情報を持っているがゆえに、本質を見失ってしまうことがあります。また、コミュニケーションにおいても、もっとシンプルに言えるはずなのに、知っているがゆえに詳しく言いすぎてしまうこともありがちです。

そんなとき、「素人目線で考えるとどうか？」「初めて見聞きする人ならどう考えるか？」といった視点で考え直し、新しい着想や、本質的な着想を得ることを目指します。

⑯ 素人思考

考え方

❶ **[いま考えていることを書き出す]**：テーマに対して、現状で考えている内容を書き出します。大事だと思っている点や悩んでいる点があれば、あわせて書き出しましょう。

❷ **[単純かどうか考える]**：考えている内容が複雑になりすぎていないかをチェックします。何が要点で、何が枝葉なのかを整理するため、シンプルにとらえ直してみます。

❸ **[素直かどうか考える]**：テーマに対して、無理に考えをねじ曲げていないか、まっすぐに考えられているかをチェックします。バイアス（思考の偏り）やプライド、アピール意識などが思考を邪魔していないか確認してみましょう。

❹ **[自由かどうか考える]**：見える範囲や解像度が上がってくると、こだわりや制約、ルール、正しさに縛られる場合があります。それらの制約をいったんリセットして考えてみます。

❺ **[簡単かどうか考える]**：もっと簡単に考えるとどうか、という視点で考えます。上級者の知識やスキルを持つがゆえに、それを使おうとしてしまって思考が凝り固まっている可能性があります。簡単で初歩的な知識やスキルを用いて考えてみましょう。

❻ **[内容を磨く]**：❷〜❺の視点で自分の思考をとらえ直し、目的からすると何が大事なのかをハッキリさせます。情報が多い場合には、まず何が大事なのか、次に何が大事なのか、と段階的に情報を分けて考えることも重要になります。

思考のヒント

素人目線で着想して玄人目線で具現化する

　素人思考では、素人目線で物事を見て、制約のない自由な方向に発想を広げます。

　広げた後は逆に、専門性や実現可能性、現実的な制約などを考慮し、持っている経験や知識を総動員して具現化します。ある程度考えて詰まったときは、素人目線に立ち返り発想を広げるという考え方を持っておくことがポイントです。

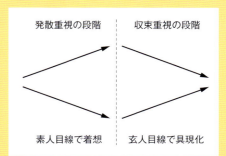

17 トレードオン思考

2つの相反する要素を得る方法を考える

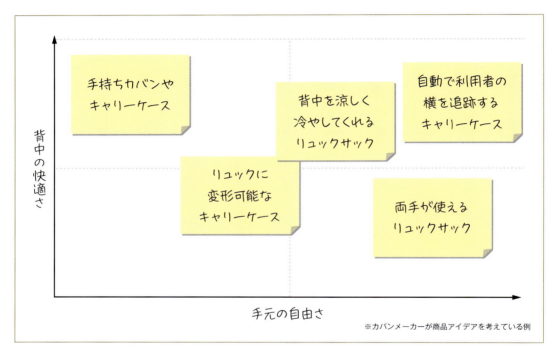

※カバンメーカーが商品アイデアを考えている例

基本情報

　何かを得るにはほかの何かを失わざるをえない関係性を「トレードオフ」といいます。品質とコスト、仕事とプライベートなどが代表的な例として挙げられます。トレードオフを打破して、2つの相反する要素を両立させようと考える思考が「トレードオン思考」です。

　一石二鳥を考えることで、革新的なアイデアの創出を目指します。

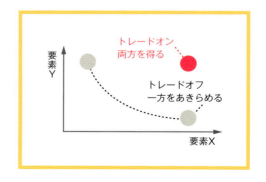

考え方

❶ **[得たいものを考える]**：例として「荷物を運ぶ道具」について考えてみましょう。手持ちカバンやキャリーケースではなく、「手元の自由さ」を得たくて、リュックサックを利用するとします。

❷ **[失うものを考える]**：❶を求めることで失うもの、犠牲にする必要のあるものについて考えます。例の場合、荷物を背負うことで手が自由になる一方、背中の快適さを失います。夏には汗をかいて不快になることもあるでしょう。このとき、「手元の自由さ」と「背中の快適さ」はトレードオフの関係にあるといえます。

❸ **[トレードオンを考える]**：トレードオフになる要素が書き出せたら、それら2つを同時に得ることができる方法、つまり「トレードオン」なアイデアを考えます。今回の例の場合、「手元が自由で、かつ背中も快適な荷物入れ」を考えることになります。トレードオンを実現できれば、高いニーズを満たすアイデアを生み出すことができます。

補足　トレードオフへの対処パターン

トレードオフへの向き合い方には、トレードオン思考以外にもいくつかパターンがあります。例えば、トレードオフを活かして競争優位性を確保する「振り切る」パターンや、2つの要素の「バランスを取る」パターンが存在します。本書では、最終的にどのパターンに落ち着くとしても、トレードオフだからといって思考停止せず、まず「打破」する方法を考えてみることを推奨しています。

思考のヒント

身近に存在するトレードオフの関係を見つける

トレードオン思考を有効に活用するには、まず「トレードオフの関係性を認識する」必要があります。品質とコスト、仕事とプライベート、スピードと正確性、リスクとリターンなど、身近にあるトレードオフの関係に目を向けてみましょう。その際、マトリクスを用いて4象限で考えるとわかりやすくなります。

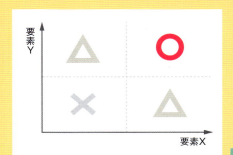

18 プラスサム思考

奪い合わずに総和を増やす方法を考える

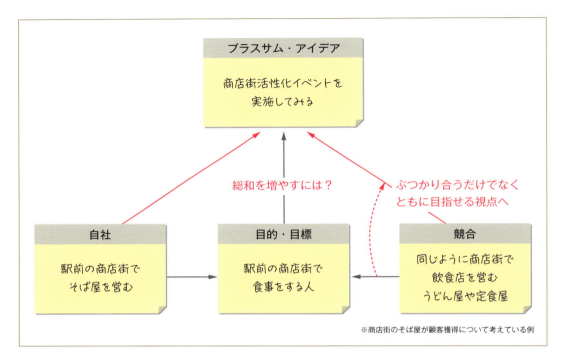

※商店街のそば屋が顧客獲得について考えている例

基本情報

　交渉や競争において、富の総和がゼロになる状態をゼロサムといいます。ゼロサムの状態では、誰かが利益を得ることによって、他の誰かが損失を被ることになります。誰かが生き残るためにほかの誰かが淘汰される、奪い合いの状況です。

　一方、総和がゼロにならない状態をノンゼロサムといい、その中でも総和がプラスになる状態をプラスサムと呼びます。「プラスサム思考」とは、限られた総和を奪い合うのではなく、全体の総和を拡張することで全員が利益を得る（Win-Winになる）方法を模索する考え方です。

　プラスサム思考の利点は、ゼロサム状態の場合には敵対してしまう相手と協力関係を築けることです。競争が発生した場合、目の前にある争いより1つ高いレベルで、共有できる目的や目標を生み出すことができないかを考えてみましょう。

⑱ プラスサム思考

考え方

❶ **[自社の目的や目標を明確にする]**：実行しようとしている企画や戦略などにおいて、まず何をしようとしており、その結果として何を得ようとしているのかを明確にします。例えば自社が商店街でそば屋を経営しているなら、得ようとするのは商店街で食事をする客となります。

❷ **[競合を可視化する]**：❶を実行するにあたり、どのような競争が起きるかを考えます。そのためには、共通の目的や目標を持つ個人・組織に注目します。商店街のそば屋の場合でいうと、同じ商店街で飲食店を経営するうどん屋や定食屋などが競合として考えられます。ここでは「商店街での食事」という市場の獲得を目指して競争している構図が存在します。

❸ **[総和を拡張できないか考える]**：競争の目的となる対象の総和を増やす方法を考えます。例えば「商店街で食事をする人をどうやって奪うか」を考えるのではなく、「商店街で食事をする人の数をどうやって増やすか」を考えるということです。限られた富の総和を奪い合うのではなく、一緒につくり上げて分け合おうとする姿勢が重要になります。プラスサム思考の実行には、競合と同じ方を向いて目指すことのできる目的や目標の設計がカギを握ります。

❹ **[具体的なアイデアを考えて実行する]**：具体的な行動アイデアとして、商店街の活性化イベントを共同開催して新規顧客を呼び込む、商店街のお得情報を配信するメディアを立ち上げるなどのアイデアを出し、協力して実践します。

思考のヒント

市場の「分解」と「拡張」両方の視点を持つ

マーケティング思考（参照→28）のところで触れますが、市場の細分化はマーケティングの基本といえます。しかし、この考え方に従うと、市場そのものを大きくしようとする発想が抜けてしまいがちです。細分化の思考とあわせて、拡張しようとする視点も忘れないようにしましょう。

部分に分解する　　全体を拡張する

19 弁証法
対立を受け入れて第3の選択肢を考える思考法

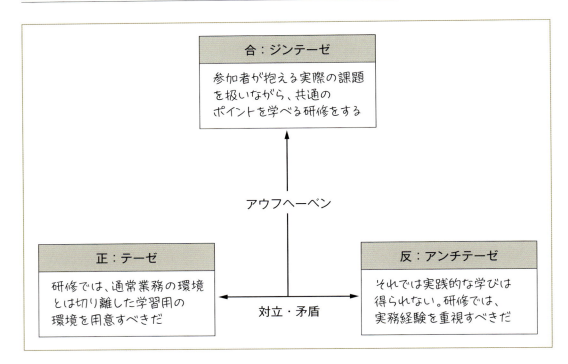

基本情報

「弁証法」とは、ある特定の意見とそれに対立する意見を統合することによって、よりよいアイデアを生み出していく思考法です。最初にある正しいとされる意見（命題）のことを「テーゼ」、それに反対する意見（命題）のことを「アンチテーゼ」、テーゼとアンチテーゼを統合して生み出された意見（命題）のことを「ジンテーゼ」と呼びます。

「テーゼ→アンチテーゼ→ジンテーゼ」の流れで考え、アイデアをぶつけ合わせながら、新しいアイデアを生み出していきます。この流れは「正→反→合」とも呼ばれ、これを経て統合されたアイデアを生み出すことを「アウフヘーベン（止揚）」といいます。

個人で用いることはもちろん、他者との対話の中でアイデアを深めていく際にも有効な考え方の1つです。

⑲ 弁証法

考え方

❶ **[テーゼを設定する]**：正しいとされている意見であるテーゼを設定します。自分の意見だけでなく、他者の意見がテーゼとなることもあります。テーゼの段階での特徴は、意見がまだ「自分（主張している人）中心」であることです。

❷ **[アンチテーゼを考える]**：テーゼと対立する意見や主張を考えます。この段階では、テーゼが唯一の答えではないという自覚を持ち、異なる意見を受け入れることが重要です。他者との違いの中で自己を知るステップともいえます。

❸ **[ジンテーゼを考える]**：テーゼとアンチテーゼを統合し、より高いレベルのアイデアを考えます。両方の意見を部分的に否定しつつ、部分的には活かしながら、高次の思考へと発展させます。「AかBか」のような二者択一的な考え方ではなく、「AもBも含みつつ、それらより優れたC」を考えるということです。

補足　意見の否定と人格の否定を混同しない

弁証法では対立意見を考えるため、他者の意見を否定する場面があります。他者との対話の中で用いる場合に注意しておきたいのが「否定の対象」です。否定すべきは「意見」であり、意見を述べている人の「人格」ではありません。また、否定の目的は「共創的な思考の発展」であり、「相手を負かすこと」ではありません。ここを混同してしまうと、健全な対話や思考を行うことができないので、十分注意しておく必要があります。

思考のヒント

思考の深化は続く

1つのジンテーゼを考えることができたとき、またそのレベルで対立する意見や考えに出合います。つまり、ジンテーゼが新たなテーゼになるということです。そして新たなアンチテーゼとの間にある対立や矛盾を考えることで、思考をどんどん深め、アイデアを発展させていきます。

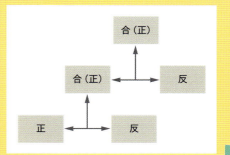

20 ストーリー思考

物事の変化を連続的にとらえて思考を具体化する

※在宅ワーカー向けのサービスアイデアを考えている例

基本情報

　「ストーリー思考」とは、物事を一連の物語としてとらえて発想・表現する思考法です。問題解決のプロセスやユーザーの価値体験プロセスなど、全体の流れと、その流れを構成する部分的なシーン（場面）を連続的に可視化する考え方となります。

　ストーリーで考えることによって、現場のイメージを具体化することができる、時間的な変化の因果関係を把握しやすい、他者への情報伝達において共感を得やすい、記憶に残りやすいといったメリットがあります。

　アイデア発想の場面でストーリーを活用する手法に「ストーリーボード」があります（上図）。ストーリーボードの中で登場人物や行動、言葉などの要素を1つの流れの中に凝縮することによって、アイデアの理解と発展を促進することができます。

⑳ ストーリー思考

考え方

❶ **[アイデアを確認する]**：どのような問題をどう解決するアイデアなのかを確認します。顧客の視点で考える場合は、商品・サービスの利用を通じてどのような価値を体験するかを確認しましょう。左ページの例では、在宅ワークの孤独やストレスを緩和するオンラインカウンセリングサービスのアイデアについて考えています。

❷ **[登場人物と価値体験の流れを言語化する]**：❶で明確にしたアイデアにおける登場人物やその行動、セリフを言語化します。特に下記の点に着目し、それぞれ整理しましょう。

・登場人物は誰か？（主人公は誰か）
・どんな問題を抱えているか？（何に困っているか、何を望んでいるか）
・その問題をどのように解決するか？
・問題が解決された後、登場人物はどうなっているか？

❸ **[ストーリーボードを作成する]**：問題が解決されるプロセス（顧客がサービスの価値を体験するプロセス）を言語化できたら、主要なシーンをスケッチして、1つのストーリーとして整理します。例では4つのコマのストーリーボードを作成しています。

❹ **[ストーリーを共有して磨く]**：作成したストーリーを他者に共有し、客観的な感想や意見を取り込みます。ストーリーを作成するプロセスで感じたこと、できあがったストーリーを見て気づくこと、他者からの反応をもとに、アイデアを磨きます。

思考のヒント

ストーリーを表現する手法を身につける

ストーリー思考は、ストーリーの表現を通して発想を豊かにする思考法のため、表現方法を知っておく必要があります。ここで取り上げているコマ割りマンガ形式のほか、ビデオや紙芝居、寸劇など、様々な表現方法が存在します。自分に合った手法を1つ見つけ、使いこなせるようトレーニングしておきましょう。

67

21 2軸思考

2つの変数を用いて物事を俯瞰的にとらえる

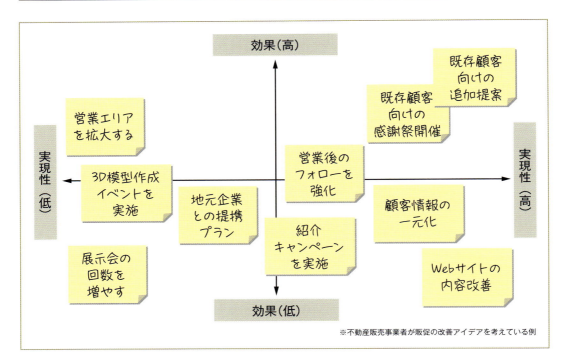

※不動産販売事業者が販促の改善アイデアを考えている例

 基本情報

「2軸思考」とは、2つの変数を軸として用いることで、情報の整理や理解、発想をうながす思考法です。あふれる情報をシンプルに整理し、俯瞰できる点がメリットです。

物事を「点」で見るのではなく、2つの軸を用いて地図のように「面」でとらえるのがポイントです。発散したアイデアを整理して俯瞰するといった収束的な思考を促進するのはもちろん、思考の偏りを可視化したうえで、思考が不足している領域の発想をうながす「発想支援」の役割もあります。

ここでは、2つの軸を用いて4つの象限で考える方法として「ペイオフマトリクス」を例として紹介します。効果と実現性（実現しやすさ）の2軸でアイデアを評価する手法です。

考え方

❶ **[アイデアを書き出す]**：課題に応じた情報を収集し、アイデアを用意します。まずは自由に発想してかまいません。左ページの例では、不動産販売事業者の販促に関する改善アイデアを発想しています。

❷ **[マッピングする]**：発散したアイデアそれぞれの「効果」と「実現性」を考え、4象限の該当する場所に配置します。なお、ここではペイオフマトリクスで効果と実現性を軸に設定していますが、目的に応じて様々な軸を設定することができます。書き出したアイデアの中にある共通性に目を向け、重要な要素やインパクトのある要素に注目し、軸として設定してみてください。下記はビジネスシーンでよく用いられる軸の取り方の例です。

例　軸の取り方

効果×実現性	効果と実現性の2軸で選択肢を評価する。効果・実現性ともに高い施策を模索する
伝達手段×性質	オンライン⇄オフライン×実利性⇄情緒などの軸で施策の訴求方法を検討する
リターン×リスク	得られる利益と危険が生じる可能性の2軸で、とるべき施策を検討する
重要度×緊急度	重要度と緊急度の2軸で選択肢を評価する。タスク整理の場面などでも活躍

❸ **[評価・選択・発展させる]**：マッピングしたアイデアの全体像を見ながら、評価・選択を行います。効果も実現性も高いアイデアを具体化したり、実現性は低いが効果が高いアイデアをもう少し広げてみたりしましょう。このように俯瞰したうえで、さらに思考を展開していきます。

思考のヒント

象限ごとの特徴を考える

2軸・4象限を用いて思考するときのポイントは、4つの象限のそれぞれにどのような特徴があるかを考えることです。

これは軸の選び方にも左右されます。分類する意味があり、必要なアクションを考えやすいような軸を設定することが重要なのです。

22 図解思考
物事の関係性を図で考える

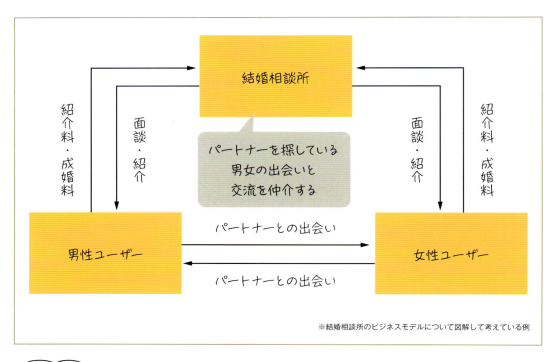

※結婚相談所のビジネスモデルについて図解して考えている例

基本情報

「図解思考」とは、図の作成を通して複雑な情報の関係性をシンプルにとらえる思考法です。文章で書き出して考えるだけでは難しい、要素と要素の関係性を理解しやすい点が魅力といえます。

図解思考でポイントとなるのは「抽象化」と「パターン化」です。抽象化により、複雑な物事の全体像や要点を理解し、表現することができます。パターン化によって、類似の問題の事例から、解決策を考えるための糸口を見つけやすくなります。

アイデアの収束・発散はもちろん、プレゼンテーションや企画提案などの様々な場面で活きる思考法です。上図では、結婚相談所の持つ機能を図解しています。

考え方

❶ **[図のパーツを書き出す]**：考える対象に関する部分的な情報をパーツ（部品）として書き出します。これを組み合わせて図を作り上げます。色々な情報の中から、全体を説明するために必要なポイントとなる要素を抽出しておくことが重要です。

❷ **[関係性を整理する]**：パーツ間にある関係性を考えます。例えば何かが交換されているのか、従属関係・包含関係・対立関係などの関係性があるのかを整理します。

❸ **[図として表現する]**：パーツとその関係性を図解します。作成した図を見て、そこから得られる着想をもとにアイデアを磨きます。図解の表現方法に絶対的なルールは存在しませんが、下記のような代表的な表現方法を知っておくと、図解思考がはかどります。

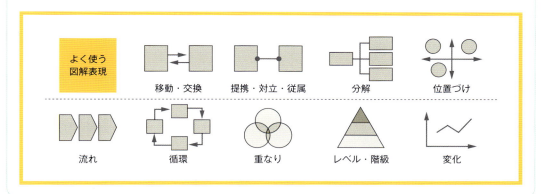

思考のヒント

まずは四角形と線を使いこなせるように

図解思考の基本は、四角形と線を用いて要素と要素の間にある関係を表現できるようになることです。

ヒト・モノ・コトなどを四角形に、その間で移動・交換されるものを矢印として表現します。身近な物事の関係性を図解で表現できないかトライしてみましょう。

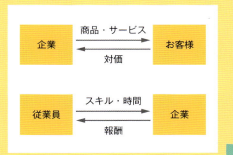

第2章のエクササイズ ❶

第2章では水平思考（参照→⑬）を解説しました。論理的思考のように直線的な思考を行うのではなく、非連続で拡張性の高い発想を行う水平思考は、豊かな発想のためにぜひとも習得したい思考法です。

解説ページではドライヤーを思考対象の例として取り上げました。ここではさらに、ビジネスシーンでよく用いられる水平思考の切り口を紹介したいと思います。

まずは論理的に分解する

水平思考を実際に活用するには、思考の対象を分解しておき、その分解された1つ1つの要素を水平移動させてみるという考え方がポイントとなります。

自社の商品を題材として水平思考を行う場合、マーケティングの要素に着目することもできます。例えば「対象者（市場）」「提供物（商品・サービス）」「届け方」に分解することができます。様々な切り口で水平思考を適用してみましょう。

提供物（商品・サービス）に水平思考を活用してみよう

商品・サービスに水平思考の焦点を当てる場合を考えてみます。例として、筋トレや運動をしたいスポーツ好きの人向けにトレーニングジムを展開しているとします。

ここでトレーニングジム、つまり「トレーニングできる環境」という要素を「トレーニングできる環境＋PC作業スペース」へと水平移動させてみます。

すると、「仕事をするスペースを探していて、かつPC作業による運動不足に悩んでいる人のニーズ」を満たすことができるのではないかという仮説が生まれ、そこを起点に具体的なアイデアを考えていくことができます。

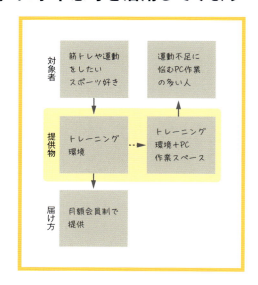

対象者（市場）に水平思考を活用してみよう

2つ目の着眼点として、市場に目を向けてみます。エンタメコンテンツを提供することを目的として、SFマンガを描いているクリエイターがいるとします。

エンタメコンテンツを娯楽として求めている既存の市場に対して、「勉強を目的としている人」に水平移動することを考えてみると、マンガの作画スキルの使い方が変わります。

「科学を勉強したい人向けのマンガ」という発想の起点が生まれ、難しい本をやさしく解説する「マンガでわかる科学の教科書」などのアイデアへ具体化していきます。

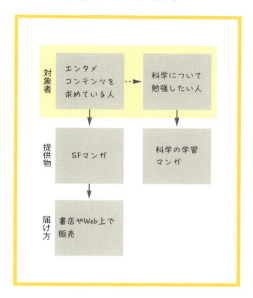

届け方に水平思考を活用してみよう

3つ目の着眼点として販売方法に目を向けてみます。勉強や仕事をしたい人に対して、コーヒーと快適空間を提供するカフェを経営しているとします。一般的なカフェでは、商品ごとに料金を設定していることが多いでしょう。

それに対し、毎月定額制でコーヒーを提供するという料金体系への水平移動を考えてみると、「毎月定額で30杯まで好きなだけコーヒーを飲めるカフェ」などのアイデアへと発展させることができます。このように、対象者と提供物を変えずとも水平思考によってアイデアを得られます。

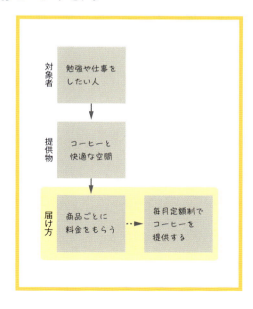

第2章のエクササイズ❷

続いては類推思考（参照→⓬）をエクササイズで身につけましょう。類推思考は様々なシーンで活用でき、本書で紹介しているほかの思考法とも組み合わせて使いやすい、重要な思考法です。複数のパターンを実際に試しながら、活用のイメージをつかんでいきましょう。

様々な要素をベース領域に設定してトレーニングする

類推思考を効果的に活用するためにポイントとなるのが、ターゲット領域から遠い分野の要素をベース領域に設定できるかどうかです。ターゲット領域が「うどん屋」であれば、同じ「麺類」である「そば屋」や「ラーメン屋」からの類推だけでなく、「食べ物」という範囲で「フランス料理屋」や「すし屋」を考えてみます。

あるいは「細長い形状のもの」という要素に着目し、「鉛筆」や「電源コード」からヒントが得られないか考えてみることもできます。

エクササイズの最後には、ベース領域に設定する要素の例も掲載しています。一見、無関係に思える物事の間に何らかの類似性がないかを考え、発想のヒントを探してみましょう。

モノの特徴から類推してみよう

身近に存在するモノや生物の持つ特徴から、自身の課題に活かせる要素がないか考えてみましょう。例えばプロジェクトチームの運営を考えるにあたり、「自転車」をベース領域に設定すると何が考えられるでしょうか。

チームと自転車を同じ「前に進む」という類似性で考えてみます。さらに、自転車は前に進むために前後のタイヤで機能を分担している点に着目してみます（前輪で方向転換し、後輪で推進力を得る）。ここから、現場でチームを鼓舞して推進する役割と、全体を俯瞰して進捗を調整する役割を分担するなどのアイデアへと展開します。

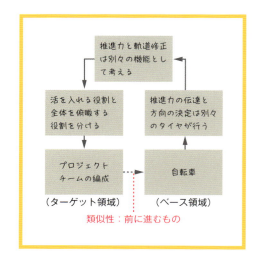

異業種から類推してみよう

　商品やサービス、ビジネス上の問題解決策を考えるにあたり、異業種から発想のヒントを得るのも類推思考の代表的な活用法です。

　旅行サービスについて考えているとして、読んだ本のレビューを共有する読書記録アプリに出合ったとき、旅行版に置き換えるとどうかというふうに思考を展開できます。

　思考がマンネリ化したら、自身が属している業界とは異なる分野に目を向けてみましょう。特に、アナログとデジタル、BtoCとBtoBの間を行き来してみると、新鮮な視点を得やすいはずです。

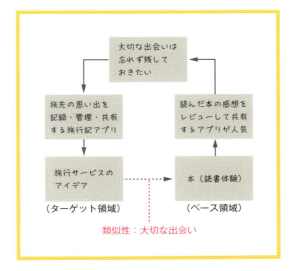

物語から類推してみよう

　物語から類推するというのも、仕事の中で使いやすい方法です。競合の成長ストーリーからヒントを得るのはもちろん、映画や小説などで描かれる物語も類推の対象となりえます。

　映画を観ていて、敵対する組織同士がバトルを繰り広げている中、地球に危機が迫り手を組むシーンがあったとすると、そこから何が学べるかを考えてみることができます。

　協力関係を築くプロセスにどのような行動やコミュニケーションがあったか、どんな工夫があったか、物事の「流れ」に注目して発想のヒントを探します。

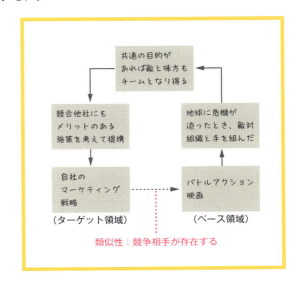

海外の先進事例から類推してみよう

ビジネスシーンでよくある類推として、海外事例の応用があります。日本よりも進んでいるものが、時間差で日本にやってくると仮定して対策を打つ場合などに有効です。

海外のプラットフォームで規制が厳しくなるという事例があれば、同じような流れで日本のプラットフォームでも規制が厳しくなると類推できます。そうなると、自社のコンテンツの制作ガイドラインを見直すなどの行動につながっていきます。

地理や時間軸の異なる場所からヒントを得られないか探してみましょう。

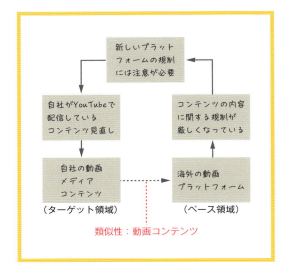

自分のアイデアを他者へ向けて類推してみよう

ここまでの例では、外部の情報をベース領域として、情報を内側へ取り込むインプットについて触れてきました。類推の考え方は情報を取り込む際だけでなく、自分から他者へ情報を伝えるアウトプットの場面でも有効です。

例えば新入社員へ企画の考え方を伝えるとき、「料理」という身近なテーマを例え話として用いることで、理解をうながすことができます。

考えたアイデアや商品を伝えるにあたり、相手のよく知っている領域に例えるとどうなるかを考えてみましょう。

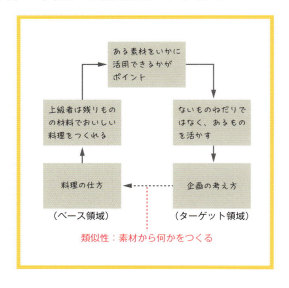

あらゆる物事から思考のヒントを探す

　類推思考を用いることで、あらゆる物事から課題解決のヒントを得られるようになります。しかし、一朝一夕で使えるようになるものではありません。日々の仕事や生活の中で、異なる場所からアイデアを借りるという習慣をつける必要があります。

　下記にベース領域のキーワード例を掲載しています。ピンとくるキーワードがあればピックアップし、自身の課題に活かせるヒントがないか考えてみてください。キーワードに関連する面白いと思う経験や要素を書き出し、なぜ面白いと思うのかを考えて応用します。

　便利だと思う点があればなぜ便利なのか、問題であると思うなら何がどのように問題なのか。その構図を考え、自身が抱えている課題（ターゲット領域）に応用できる要素を探します。

料理 / 掃除 / 育児 / 出産 / 入浴 / 映画 / マンガ / 通勤ラッシュ / 目覚まし時計 / 電子レンジ / クレジットカード / ゲーム / パズル / クイズ / 野球 / サッカー / 柔道 / 剣道 / リレーマラソン / オリンピック / 衣替え / 横断歩道 / エレベーター / 作曲 / 出版 / 日本 / アメリカ / 中国 / 貿易 / 国会 / 学校 / 教育 / 会社 / 軍隊 / 審判 / 鳥 / 魚 / 昆虫 / 脱皮 / 氷河期 / 地球温暖化問題 / 所得格差 / 介護問題 / 生活習慣病 / ワークライフバランス / SNS / ラジオ / テレビ / 電動歯ブラシ / 二段ベッド / 折り畳み自転車 / 引越し / 家具選び / 円卓 / 延長コード / ECサイト / モール / 図書館 / 飲食店 / 駅 / 高速道路 / 自動販売機 / ガソリンスタンド / コンビニ / 病院 / 統計学 / 生物学 / 経済学 / 哲学 / 農業 / 工業 / サービス業 / 小売業 / エンジニア / 会計士 / 司会者 / 芸術家 / 医者 / バブル崩壊 / 鎖国 / 居酒屋 / レストラン / 宅配ピザ / 回転寿司 / 古本屋 / たこ焼き / ハンバーグ / ロールキャベツ / お正月 / 結婚式 / クリスマス / ハロウィーン　など

コラム 「開く問い」と「閉じる問い」

　多様な問い（視点）を持つことは豊かな思考を育むうえで大切です。本書は思考法の解説本であると同時に、思考を拡張する問いを贈る本でもあります。
　発想を支援する問いの代表的なものとして「開く問い」と「閉じる問い」があります。本章の冒頭で紹介した「発散と収束」とも強く関連する考え方です。

開く問い

　開く問いとは、答えが無数に存在する問いのことです。例えば「10代の共感を呼ぶコンテンツってどんなものだと思う？」「面白いWebサイトってどんなものだと思う？」のように、自由に回答ができます。発散の段階で有効に活用できるタイプの問いです。

閉じる問い

　閉じる問いとは、答えの選択肢が限られている問いです。Yes or No で回答できるものや、限られた候補の中から選択的に回答できるものです。例えば「メンズ美容市場は今後拡大すると思うか」「いま力を入れるべきはビジネス、テクノロジー、アートのどこか」のような問いです。ほかにも、「ここまで出たアイデアで一番魅力を感じるものはどれ？」といった聞き方もあります。閉じる問いは、発散よりも収束の段階で有効活用できます。

開いて閉じてを繰り返す

　開く問いと閉じる問いの両方を繰り返すことで、アイデアを練ることが可能です。開く問いによってアイデアを広げ、閉じる問いによって精錬していきます。開いて・閉じてを繰り返すことで、思考の質を磨くのです。これら2つの問いがあるということを頭に置いて、発想を展開してみましょう。特に、複数人でアイデアを出し合おうとする際には、これらの問いの違いがあることを共通認識として持ち、意識的に使い分けることが重要です。

ビジネス思考力を高める

- 23 価値提案思考
- 24 シーズ思考
- 25 ニーズ思考
- 26 デザイン思考
- 27 ビジネスモデル思考
- 28 マーケティング思考
- 29 戦略的思考
- 30 確率思考
- 31 逆算思考
- 32 オプション思考
- 33 ビジョナリー思考
- 34 コンセプチュアル思考

ビジネス思考力を高める

　本章では、ビジネスアイデアを考えるときや、新規事業を立ち上げる場合、新商品・サービスを考える際などに活用しやすい思考法を取り上げます。

ビジネスを考えるとはどういうことか

　世の中は誰かの「困りごと」であふれています。それらを解決する手段として商品・サービスを提供し、対価として報酬をいただく。これがビジネスの基本です。ビジネスアイデアを考えるとは「人の役に立つ方法を考える」ということであり、つまり顧客の課題解決を考えるということになります。「誰の」「どんな課題（悩みや望み）」を「どうやって解決するのか」という視点を持つことが重要です。

すでにあるビジネスがヒントになる

　誰がどんな課題を抱えていて、それをどのように解決するかを考える、と言葉でいうのは簡単ですが、いきなり考えるのは難しいものです。アイデアに詰まる場合にはまず、世の中にどんなビジネスが存在しているのかを意識的に見てみましょう。
　例えば、家事をする余裕がなくて困っている人向けに「家事代行サービス」があります。左利き向けの商品を手に入れるのに苦労している人には「左利きアイテムの専門店」もあります。「誰の」「どんな課題」を「どうやって解決するのか」というフィルターを通して、日常をとらえ直してみましょう。そうすることで、人の悩みや望みに対する感度が上がり、ビジネスアイデアの発想がしやすくなります。

人をよく知ること、よく見ること

　誰の課題を解決するかを考えるためには、人をよく知ることが大切です。そのためには、よく「見る」必要があります。本章に登場する「ニーズ思考」や「デザイン思考」はまさに、人を知ることから発想を始めるための思考法です。言葉や行動の背景に目を向け、目に見えない部分を想像するための観察力を高めていきましょう。

ビジネスアイデアを具現化するために

　顧客の持つ課題を考えることができたら、その課題の解決策を世に出すための方法を考えます。その際に必要な視点は多数ありますが、本章で触れているものの中では、ビジネスモデル、マーケティング、戦略といったキーワードは特に押さえておきたいものです。

　ビジネスとして成り立たせるためには、継続して収益を得られる仕組みをつくらなければなりません。顧客に知ってもらうための手段は不可欠ですし、競合他社がひしめく中で自社の優位性も発揮しなければなりません。アイデアだけで終わらせないように、本章でビジネス思考力を鍛えましょう。

ミッション・ビジョン・バリューの言語化

　商品・サービスを市場に送り出し、ビジネスを展開していくうえで大切にしたいのが、「ミッション・ビジョン・バリュー」です。ミッションとは「何のために事業を行うのか」という存在意義や存在目的です。ビジョンは「どんな未来を目指しているのか」という理想像で、バリューはミッションとビジョンを実現するために組織として大切にする価値観や行動指針を表します。

　ビジネスは単に利益だけを追求していればよいわけではありません。社会にとっても、事業を運営するメンバーにとっても意義があるかどうかが重要です。

　例えば「プログラミング教室ビジネスでエリアNo.1を目指す」という事業者と、「プログラミング教育を通してグローバルに挑戦できる人を増やす」という事業者とでは、共感を生む人の層が変わってくるでしょう。何のために事業を展開するのかを深掘りして言語化することは、顧客に商品・サービスについて正しく知ってもらうことはもちろん、パートナーや従業員と認識を共有するためにもとても大切なのです。

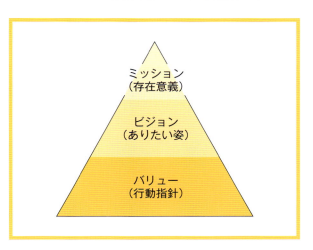

23 価値提案思考

どんな価値を提供するのかを考える

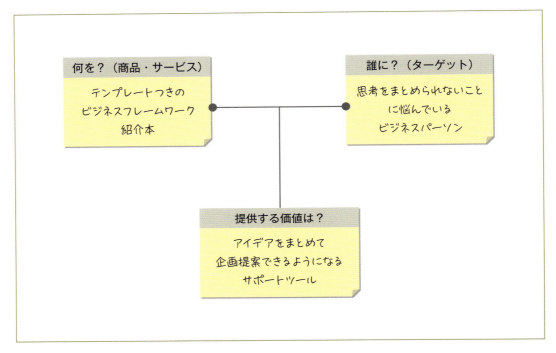

基本情報

　「価値提案思考」とは、商品・サービスで提供する価値に焦点を当てて掘り下げる思考法です。価値を考えるとは、人の役に立つ方法を考えるということであり、人の喜びを増やす方法、または痛みを減らす方法を探究する思考ともいえます。ここで重要な問いは「私（の商品・サービス）は誰のどんな役に立ちたいのか？」という問いであり、これはビジネスについて考える核となります。自分たちが提供している商品・サービス、あるいはこれからつくろうとしているものは、誰を幸せにできるのかを改めて考えてみましょう。

　後述するビジネスモデル思考（参照→27）では、ここで考える価値を持続的に提供し続けるための視点が加わっています。また、実際に商品・サービスを検討する際に使える、顧客の悩みから考えるニーズ思考（参照→25）、自社の強みから考えるシーズ思考（参照→24）も後述します。

考え方

❶ **[提供物について考える]**：提供している商品・サービス、もしくはこれから提供しようとしている商品・サービスのアイデアから、思考の対象を選びます。そして、それが持っている機能や特徴を書き出します。左ページの例の場合、「ビジネスフレームワークの紹介」が機能、「テンプレートつき」が特徴です。

❷ **[顧客について考える]**：商品・サービスを届けたい相手を明確にします。顧客は誰か、その顧客はどんな課題を抱えているのかを考えます。課題について考える際の切り口は、顧客が「何を望んでいるか」「何に困っているか」の2つです。例では「思考をまとめられないことに悩んでいるビジネスパーソン」を価値提案の対象としています。

❸ **[価値を考える]**：商品・サービスを通して顧客に届ける価値を考えます。考えるべきポイントは、❷で考えた顧客が持つ課題の解決です。❶で書き出した商品・サービスの機能や特徴によって顧客にもたらされる変化があるはずです。この変化を生み出すものが価値といえます。例の場合は、「鋭い思考でバンバン企画を通せるようになる」などの変化を生み出すための「アイデアをまとめて企画提案できるようになるサポートツール」が価値となります。

❹ **[商品・サービスのあり方を考える]**：提供する価値について考えたうえで、商品・サービスはどうあるべきか、最適な形や内容を考えます。例でいえば、企画提案できるようになるという性質を価値と考えるなら、企画書のテンプレートや記入例を付加価値として加えるべきだ、などと思考を展開することができます。

思考のヒント

価値体験のビフォー・アフターを考える

提供する価値について考える際、その商品やサービスの体験の前後での違い（差分）に着目することが重要です。

顧客が自社の提供する商品・サービスを体験する前後で、どのような変化をうながすことができるか、という点について考えてみましょう。

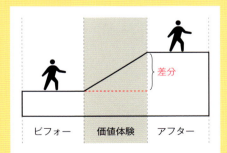

24 シーズ思考

保有している資源や強みを起点として価値を考える

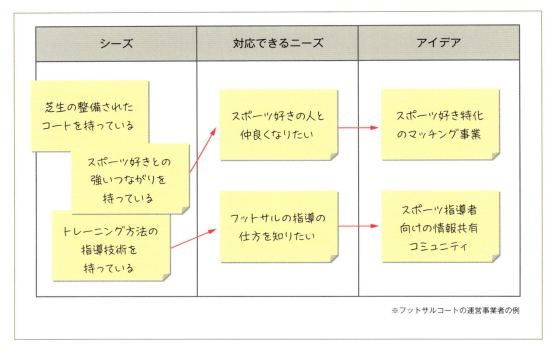

※フットサルコートの運営事業者の例

基本情報

「シーズ思考」とは、保有している資源や強みを活かして価値を生み出そうとする思考法です。顧客のニーズを起点として考えるニーズ思考（参照→25）と対をなす考え方となります。

　ポイントは「持っているものをどう活かすか？」という問いを持っておくことです。保有している技術やスキル、知識、設備を活かした問題解決の方法や、他者に貢献できる方法を考えます。そして、他者の悩みや課題を知るために必要となるのが、次項で解説するニーズ思考です。

　シーズ思考はニーズ思考と対になる思考法ですが、それらの間に優劣はありません。的確なニーズをつかめなければ価値が生み出せないのと同様に、持っているシーズを適切に活用できなければ、これもまた価値を生み出すことができないからです。ニーズ起点とシーズ起点の考え方を行き来できるようになることが大切なのです。

24　シーズ思考

考え方

❶ **[シーズを可視化する]**：現状どのようなシーズを保有しているか、資源や強みを言語化します。シーズという言葉は「技術」を指すことが多いですが、これに限らず下記のような項目もあわせて、自社の持っている資源や強みを探しましょう。また、自分では気づけない要素もあるため、他者から客観的にシーズを探してもらうのも有効です。

人材	自社にはどのようなスキルや経験を持った人材がいるだろうか？
技術開発	どのような技術や設備を持っているだろうか？
資金調達	資金力や資金調達力に強みはあるだろうか？
製造	製造ノウハウや設備、オペレーションの仕組みに蓄積されたものはあるか？
物流	物流の仕組みや提携先が保有している強みはあるか？
企画	保有している独自の企画ノウハウや、得意な企画パターンはないか？
販売	どのような販売チャネルやプロモーションノウハウを持っているか？
サービス	顧客へのフォローやコミュニケーションにおいてどんなスキルや経験を持っているか？

❷ **[対応できるニーズを考える]**：保有しているシーズが満たすことのできるニーズを考えます。「既存のシーズ・ニーズの組み合わせとは異なるニーズに対応できないか」「もしこのようなニーズがあるとしたら、自社のシーズが活かせるのではないか」という問いを立てることで、対応できるニーズの候補をピックアップします。

❸ **[アイデアを考える]**：❷のニーズを満たすための、シーズの活用法を考えます。

思考のヒント

新たなシーズとニーズの組み合わせを探す

　シーズとニーズを軸としたマトリクスを作成することで、商品やサービス、事業のアイデアを考える手法があります。

　自社の保有するシーズを縦軸に、顧客や世の中のニーズを横軸に設定します。マスの1つ1つを見ながら、掛け合わせによってアイデアを生み出せないか考えてみましょう。

クロスする部分でアイデアを考える

85

25 ニーズ思考

顧客のニーズを起点に価値を考える

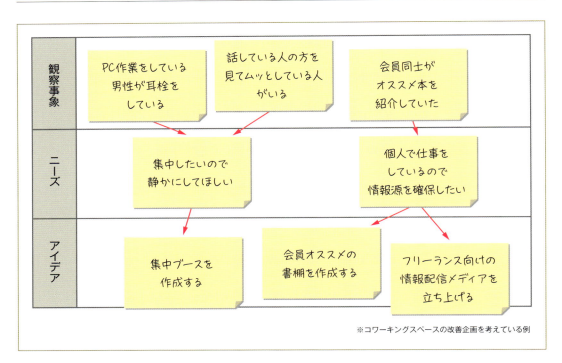

※コワーキングスペースの改善企画を考えている例

基本情報

「ニーズ思考」とは、顧客の持つニーズ（悩みや望み）をよく理解し、それを起点としてアイデアを考える思考法です。「こんなことに困っている」という顧客の悩み、あるいは「もっとこうだったら嬉しいのにな」といった顧客が求めていることをつかみ、それを満たすためのアイデアを考えます。自身の持つ資源や強みを起点としてアイデアを考えるシーズ思考（参照→24）と対をなす考え方といえます。

　ニーズ思考を実践するには、まず顧客をよく観察すること、そしてニーズへの深い理解が必要です。顧客の言動から直接的に把握できるニーズはもちろん、無意識の中にある「潜在ニーズ」を掘り起こすことも重要になります。問題解決においては、深い部分にあるニーズを理解するほど、根本的で革新的なアイデアの創出につながるためです。

考え方

❶ **[行動を観察する]**：顧客を観察し、行動や発言から情報を集めます。観察時にはまず、ありのままを記録することが大切です。ここで重視するのは「What」と「How」であり、顧客が何をしているか、具体的にはどう行動しているかを観察・分析します。

❷ **[ニーズを考える]**：観察した内容から、顧客がどのようなニーズを持っているかを考えます。観察のステップが「What」「How」を重視するのに対し、ニーズを考える際には「Why」がカギとなります。行動や発言の背景にはどのようなニーズや感情、意味があるか考えます。

> **補足　顕在ニーズと潜在ニーズ**
> ニーズには、顧客自身がそれを望んでいることを自覚している「顕在ニーズ」と、顧客自身もまだ自覚できていない「潜在ニーズ」があります。例えば「本が欲しい」という顕在的なニーズの背景には、「仕事で活躍したい」「世の中の変化に置いていかれたくない」などの、より深い潜在的なニーズが考えられます。

❸ **[質問によってニーズを引き出す]**：観察しても得られないニーズについては、顧客に質問して分析します。ヒアリングやアンケート、グループインタビューなどの手法を用います。「何に困っていますか？」と直接質問したり、「例えばこんな機能があったら便利だと思いますか？」といった仮説検証的な質問を用いてニーズを深掘りします。

❹ **[ニーズを満たす方法を考える]**：可視化したニーズを満たすアイデアを考えます。

思考のヒント

目に見えることの裏側を想像する力をつける

　ニーズ思考を実践することは、目に見える物事の背景に何があるのかを考えるということにほかなりません。これは、商品やサービスのアイデアを考える場面ではもちろん、日々のコミュニケーションの中でも活用できます。他者の行動や発言の裏にどのような望みや願いがあるのか、思いをめぐらせてみましょう。

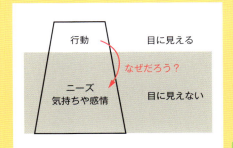

26 デザイン思考

デザイナーの思考プロセスを用いてニーズの理解やアイデア創造を行う

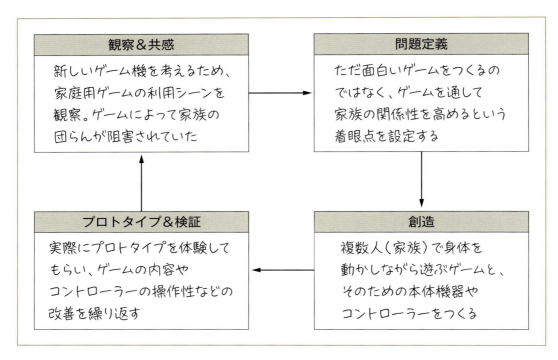

観察＆共感	問題定義
新しいゲーム機を考えるため、家庭用ゲームの利用シーンを観察。ゲームによって家族の団らんが阻害されていた	ただ面白いゲームをつくるのではなく、ゲームを通して家族の関係性を高めるという着眼点を設定する

プロトタイプ＆検証	創造
実際にプロトタイプを体験してもらい、ゲームの内容やコントローラーの操作性などの改善を繰り返す	複数人（家族）で身体を動かしながら遊ぶゲームと、そのための本体機器やコントローラーをつくる

基本情報

「デザイン思考」とは、デザイナーの思考プロセスや物事の見方を用いて、顧客の持つニーズを的確に理解し、価値を生み出す思考法です。物の形状や機能のみならず、ユーザーの「体験」をよりよい形にデザイン（設計）することで、問題の解決に取り組みます。

戦略理論から論理的に発想を始めるのは、ニーズが明確な場合のアプローチには向いていますが、激しい変化の中で新しいニーズを発見するには力不足な点があります。それに対し、現場に足を運んで顧客の観察から始め、顧客自身もまだ気づいていない深いニーズを探究し、そのニーズを満たすためのアイデアを創出しようとする点にデザイン思考の特徴があります。ここでは、4つのプロセスに分けてデザイン思考の考え方を説明します。

考え方

❶ **[顧客を観察して共感する]**：顧客の体験をよく観察し、その背景にある思考や感情に共感できるようになるまで理解を深めます。行動観察やインタビューに加え、時には自分も顧客と同じ体験をすることで、顧客が潜在的に抱えている深いニーズを考察します。

❷ **[問題定義をする]**：共感によって得られたユーザーのニーズを整理し、どのような問題の解決に取り組むかを決めます。つまり、収集した情報のどこに焦点を定めるかを考えるプロセスです。その問題を解決できると顧客は幸せになるのか、顧客は喜んでくれるのかを考えながら、問題定義を行います。

❸ **[アイデアを創造する]**：定義した問題を解決するためのアイデアを考えます。アイデアを発想する際には、まず量を出すことを重視します。既存の枠組みの中で合理的にアイデアを評価して取捨選択してしまうのではなく、可能性を最大化させることが重要です。

❹ **[プロトタイプをつくって検証する]**：アイデアを具現化すべく「プロトタイプ（試作品）」をつくります。実際に目に見える形、手で触れられる形にするプロセスです。プロトタイプをつくる目的は、発想の促進、共感の深掘り、アイデア段階での妥当性の検証です。顧客の生活の中でプロトタイプがどのように機能するかを確認し、得られたフィードバックをもとにアイデアを磨きます。プロトタイプを作成する場合はいきなり100%の完成度を目指すのではなく、小さく素早く形にし、段階的に改善します。

思考のヒント

ニーズの探究とアイデアの実現性

デザイン思考では、ニーズを見つけアイデアを考えるうえで、人間（人にとっての価値があるか）、技術（どのような技術を用いて実現するか）、経済（ビジネスとして持続できるか）の3つを重視します。顧客のニーズを徹底的に考え抜くことに加えて、それをいかに実現するかという視点も必要になります。

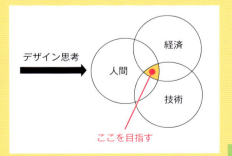

27 ビジネスモデル思考
価値を継続的に届けるための仕組みを考える

KP 主なパートナー	KA 主要活動	VP 価値提案	CR 顧客との関係	CS 顧客セグメント
保育補助が可能な保育経験者・子育て経験者 子育て支援関連の事業を展開する事業者や組織、施設	ワークスペースの環境整備・運営	子どもを預けておくことができるキッズルームつきのコワーキングスペース 保育補助専門のスタッフが常駐。仕事中、子どもを預けておくことができる	ともに子育て生活を豊かにしていくコミュニティ	仕事をしたいが、子育て中のためにまとまった時間が確保できず悩んでいる女性 仕事をしたいという欲求に加えて、子育ての仕方に対する不安も感じている
	KR 主なリソース		CH チャネル	
	保有しているコワーキングスペースの設備、運営ノウハウ		Web 広告 ママコミュニティへの営業	

C$ コスト構造	R$ 収益の流れ
コワーキングスペースの管理コスト 保育補助スタッフの人件費	コワーキングスペースとしての通常利用：月額 8,000 円／月 キッズルーム利用：＋月額 4,000 円／月 ※単発利用不可の登録制

The Business Model Canvas
©Strategyzer(https://strategyzer.com)
Designed by Strategyzer AG

※キッズルームつきコワーキングスペースのビジネスモデル

基本情報

「ビジネスモデル思考」とは、顧客に対して継続的に価値を提供するための仕組みを考える思考法です。顧客に提供できる価値があるとしても、それを持続的に生み出し、提供し続けることができなければ、一時的なものとして終わってしまいます。ポイントとなるのは、「どのような価値を誰にどう届けるのか」に加えて、「価値提供を持続的に行うための資源の流れをどうつくるか」について考える視点を持つことです。

顧客への価値提供に必要な要素を考え、ビジネスモデルを理解するフレームワークに「ビジネスモデル・キャンバス」（上図）があります。ビジネスモデルの考え方は多様ですが、ここではアイデアを事業化するための思考をしやすくする方法として、ビジネスモデル・キャンバスを用いた考え方を紹介します。

考え方

❶ **[情報を整理する]**：誰にどんな価値を届けるのかといった、ビジネスモデルを考える基礎となる情報を整理します。ビジネスモデル・キャンバスでは下記の9要素を考えることで、ビジネスモデルを理解・構築します。

顧客セグメント（CS）	顧客は誰か？ 主にどんなニーズを持った顧客グループに関わるか？
価値提案（VP）	顧客の抱える問題や課題を解決するために提供する価値は何か？
チャネル（CH）	価値を届けるためのコミュニケーション、販促、流通はどうするか？
顧客との関係（CR）	顧客とどのような関係を築くか？
収益の流れ（R$）	価値を届けた結果、どのようにして収益や報酬を得るか？
主なリソース（KR）	価値提供に必要な資源（ヒト・モノ・カネ・情報など）は何か？
主要活動（KA）	主にどんな活動が必要となるか？
主なパートナー（KP）	活動や資源を満たすためにどのような外部の協力者や提携先が必要か？
コスト構造（C$）	運営するにあたりどのような金銭的コストが発生するか？

❷ **[アイデアを精査する]**：上記の要素を整理し、持続可能な価値提供の仕組みを実現するアイデアを出します。その中からベストなアイデアを選んで掘り下げ、1つのビジネスモデルとしてまとめます。

❸ **[実行・改善する]**：まとめたビジネスモデルを実行し、意図しているように機能するかどうかを検証します。よりよいビジネスモデルを目指して改善を続けましょう。

思考のヒント

まず着目したい3つの視点

ビジネスモデル思考で物事を考える場合にまず着目したいのは、「誰に価値提供するのか」「どんな価値を提供するのか」「どうやって持続可能な収益をもたらすか」の3点です。

ビジネスモデル・キャンバスでいうとCS、VP、RSの3つです。アイデアを磨く際、まずこれらに着目して考えてみましょう。

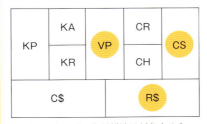

誰に何を届け、収益構造はどうする？

28 マーケティング思考

正しい価値を生み出し、それを正しく伝える

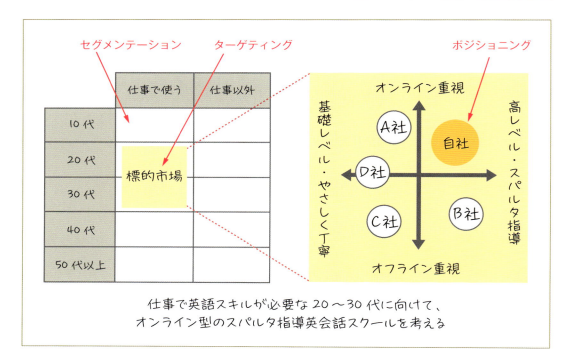

基本情報

　マーケティングとは、消費者のニーズを理解し、そのニーズを満たすための価値を創出・伝達・提供することで、顧客を獲得・育成する技術のことです。

　誰がどのようなニーズを持っているのか、そしてそのニーズを満たすことのできる商品・サービスは何か。それを届けるためのコミュニケーション設計を考えるのが「マーケティング思考」です。ビジネスモデル思考（参照→27）は、「誰に」「何を」「どのような収益構造で届けるのか」を考える点が特徴的ですが、「誰に」「何を」に加え、それを届けるために「どのように関係性を高めていくか」を重視する考え方がマーケティング的な思考といえます。

　ここではマーケティングの基本となる、リサーチからの市場細分化と選択、自社の立ち位置の設計、4P（マーケティング・ミックス）の設計について説明します。

28 マーケティング思考

考え方

❶ [**リサーチする（環境調査）**]：市場についての理解を深めるため、情報の収集・分析を行います。顧客（Customer）、競合（Competitor）、自社（Company）の3つの項目について調査を行う「3C」を基本とし、市場の動向や各社の強み・戦略を分析します。

❷ [**セグメンテーション（市場の細分化）を考える**]：参入を検討する市場を定義し、その市場を細分化します。なお、市場とは共通のニーズを持つグループのことで、市場を細分化する基準としては、地理的変数、人口動態変数、心理的変数、行動変数などがあります。

❸ [**ターゲティング（標的市場の選択）を考える**]：分割した市場セグメントの中から、標的とする市場を選択します。市場の規模や成長性、競合の状況、アプローチ可能かどうか、反応の測定が可能かどうかなどを指標として考えます。

❹ [**ポジショニング（立ち位置の明確化）を考える**]：ターゲティングした市場の中で、どのようなポジションで商品・サービスを展開するかを考えます。例えば「安い」「高級感がある」「高品質」「いつも最新」など、どのような特長によって顧客に認識してもらうかを検討します。

❺ [**4P（マーケティング・ミックス）を設計する**]：❶～❹を踏まえて、どのような商品・サービスをつくり、どのようにコミュニケーションを行うのかを考えます。具体的には、製品（Product）、価格（Price）、流通（Place）、販売促進（Promotion）のそれぞれの内容と組み合わせを考えることになります。

思考のヒント

競合各社の4Pを見比べる

自社の4P、競合他社の4Pを見比べてみて、どのような違いがあるか調べてみましょう。各社の4Pにはそれぞれ必ず何らかの意味があるはずです。違いを把握し、ターゲティングやポジショニングなどその背景にある戦略や意図を考慮しながら、自社のマーケティングについて考えましょう。

	自社	競合A	競合B
製品			
価格			
流通			
販促			

第3章／ビジネス思考力を高める

93

29 戦略的思考

目的を達成するための方法を大局的に考える

		戦略の有利性	
		顧客から認められる特異性	低コスト地位
戦略ターゲット	業界全体	食×アートのコンセプトを打ち出す。店舗内装や食器、音楽にこだわり、美を追求する（差別化戦略）	生産・接客工程を徹底的にシステム化し、低コスト化を実現する（コストのリーダーシップ戦略）
	特定セグメント	イタリア料理の中でもパスタに特化する。様々な種類のパスタを揃え、麺やソースの組み合わせを詳細にオーダーできる形式の店舗を展開する（集中戦略）	

※イタリアンレストラン事業の戦略アイデアを考えている例

基本情報

「戦略的思考」とは、経営レベルの大局的・長期的な視点を持って意思決定を行う思考法です。企業が顧客に商品・サービスを提供して報酬を得るという活動には競合が存在し、顧客の獲得競争が発生します。競争の中でいかに自社の勝ち筋をつかむかを考える必要があり、そこで戦略的思考が必要になるのです。

　戦略的な考え方の代表例としては「選択と集中」があります。自社が最も競争優位性を発揮できる領域に資源を集中投下し、それ以外を捨てる考え方です。企業活動には資源の限りがあるので、少ない資源や小さな犠牲で目的を達成するような達成の仕方を吟味することも重要といえます。選択と集中のほかにも、多数の戦略論やツールが存在します。そうした理論やツールを駆使して、大局的な問題解決の思考力を高めていきましょう。

考え方

❶ **[目的・目標を明確にする]**：最終的に達成したい目的・目標を明確にします。具体的な数字を出せる場合は、はっきりと数値目標も掲げましょう。

❷ **[制約を明確にする]**：❶で設定した目的・目標を目指すためにどの程度の資源を投下できるか、達成を目指す中でどのような人的・環境的・政治的・技術的な制約があるかを明確にします。戦略を考えるためには、自分たちには何があって、何がないのかを把握しておくことが大切です。

❸ **[戦略を立案する]**：制約を考慮しながら、目的を達成するための戦略を考えます。左ページの例では、戦略を考える手法である「ポーターの3つの基本戦略」を用いて、イタリアンレストラン事業の戦略アイデアを検討しています。この手法では、ターゲットの絞り方と有利性の切り口を2つの軸として、「差別化戦略」「コストのリーダーシップ戦略」「集中戦略」という3つの方向性で戦略アイデアを考えます。

例　戦略立案に役立つフレームワーク

アンゾフの成長マトリクス	製品・市場それぞれを新規⇄既存の切り口で多角化戦略を考える
戦略キャンバス	顧客への提供価値を分解・比較することで差別化戦略を考える
SWOT分析	事業が受ける影響を内部・外部環境のそれぞれで分析し、強み・弱みを考える
クロスSWOT	SWOT分析の結果から強みを活かす戦略を考える

※上記のフレームワークについては本章のエクササイズや、巻末特典でも紹介しています

思考のヒント

長期的な視点を持って思考実験してみる

戦略的な考え方のカギとなるのは「大局観」と「長期的視点」です。将棋の盤面の展開をシミュレーションするように、戦いの未来を考えたうえで、最善の一手を考えます。

ポーターの3つの基本戦略を活用するのであれば、それぞれの戦略を選んだ場合の未来を見据え、いま取るべきアクションを考えます。

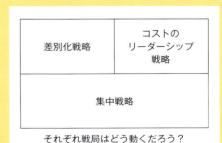

それぞれ戦局はどう動くだろう？

30 確率思考

成功確率を判断基準として考える

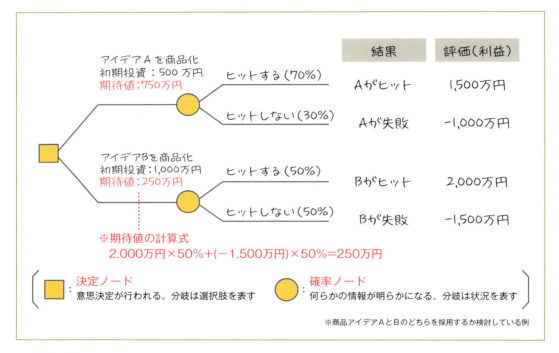

基本情報

「確率思考」とは、選択肢それぞれの期待値を考え、意思決定の質を高める思考法です。問題解決の場面において100％うまくいく方法は存在せず、どんな解決策も多かれ少なかれ不確実性を持っています。選択肢の成功確率を考え、より確率の高い選択肢を選ぶことで、問題解決を図ろうとするのが確率思考といえます。

確率思考を実践するために用いられる手法として「ディジジョンツリー」（上図）があります。これは、考えられるアクションの選択肢と、その結果として起こり得る状況をツリー状に一覧化し、それぞれの期待値を可視化する手法です。

ここでは、商品化のアイデアがAとBの2つあり、どちらを商品化するかを考える場合を例として、ディジジョンツリーを用いた確率思考の流れを説明します。

考え方

補足 例題で使用している前提条件

Aのアイデアを商品化する場合には500万円の初期投資が必要で、ヒットする確率は70%、ヒットしない確率は30%、ヒットした場合の売上は2,000万円（利益 1,500万円）、失敗した場合は初期投資以外に500万円の損失がある（利益 －1,000万円）と想定しています。Bの場合には1,000万円の初期投資が必要で、ヒットする確率、ヒットしない確率はともに50%、ヒットした場合の売上は3,000万円（利益 2,000万円）、失敗した場合は初期投資以外に500万円の損失がある（利益 －1,500万円）という想定です。

❶ [**選択肢を洗い出す**]：選択肢を洗い出し、ツリー状に整理します。今回の例ではアイデアAの商品化と、アイデアBの商品化という2つの選択肢が存在します。

❷ [**結果と評価を考える**]：AとBのそれぞれの選択により、どのような状況になり得るかを想定します。左の例では、「ヒットする」「ヒットしない」の2パターンを想定しました。選択肢ごとの結果と、最終的に得られる利益を評価として書き加えます。

❸ [**確率の設定と期待値の計算をする**]：起こり得る状況の発生確率を設定し、選択肢ごとの期待値を計算します。期待値は、確率と評価（ここでは利益）の2つの掛け算の和となります。

❹ [**意思決定を行う**]：選択肢ごとの期待値を比較し、最終的な意思決定を行います。この例の場合では、アイデアAの方がBより期待値が高く、選択すべきはAであると考えられます。

思考のヒント

勝ち目のある戦いに集中する

ビジネスにおいては、やりたいこととやるべきことを区別して考えたうえでの、合理的な意思決定が求められる場面が多々あります。社運を背負うような意思決定では特にそうでしょう。メンバーが乗り気でない選択肢でも、確率的に考えるとそれしかないという場合には、その選択肢の魅力を伝え、周りを巻き込む能力が求められます。

成功確率の高い部分に資源を集中

31 逆算思考

ゴールとなる未来を起点として現在を考える

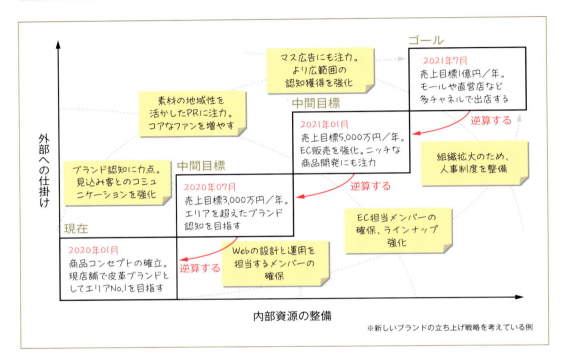

※新しいブランドの立ち上げ戦略を考えている例

 ## 基本情報

「逆算思考」とは、ゴールとなる未来を起点にして、現在を考える思考法です。現在を起点として考える積み上げ型の思考と反対の考え方となります。

逆算思考の強みはゴールが明確であることと、過去から現在までの流れに縛られずに発想できる点です。「過去からの延長線上の未来」へ惰性で進むのではなく「意思を持った未来」を設定し、そこに向かって何をすべきで、何をすべきではないかを明確にします。

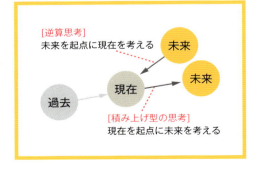

考え方

❶ [ゴールを設定して現状とのギャップを確認する]：最終的に到達したいゴール（理想の状態）を描きます。その後、ゴールに対する現状とのギャップを可視化します。ゴールを設定する際には、過去の延長線上に考えた「できるかできないか」で制限せず、柔軟にありたい姿を描きます。また、ゴールにいつまでに到達するのかという「期限」もあわせて考えます。

❷ [中間目標を設定する]：ゴールに到達するまでの中間目標を設定します。この中間目標のことをマイルストーンとも呼びます。

❸ [必要な仕掛けと資源を考える]：それぞれの中間目標を達成するにあたり、必要となる外部への仕掛けや、それを実行するために必要な内部の資源を考えます。外部への仕掛けとは、例えば市場に対するマーケティングやプロモーション、営業活動など、外へ向けた活動のことです。資源とは、行動していくにあたり必要な人材やスキル、組織体制、資金、情報、制度設計など内部で整備すべき要素を意味します。それぞれ、ゴールから逆算して必要なものを明らかにしましょう。

補足　逆算思考のメリットと注意点

逆算思考はゴールと中間目標が明確なため、意思決定しやすい点が強みです。しかし一方で、状況や前提の急激な変化に弱いという注意点もあります。未来を具体的に描くと同時に、状況が変われば即時に修正ができる柔軟性も持っておくことが大切です。

思考のヒント

ストレッチ・ゴールを設定してみる

逆算思考では、設定するゴールのレベルが低いと、それ以上の結果を目指す機会や意識を失ってしまいます。ゴールを設定したら、「ストレッチ・ゴール（達成がやや困難な目標）になっているか？」と自問してみましょう。例えば、半分の時間で2倍の成果を上げるゴールを設定するなどして、適切なラインを検討してみます。

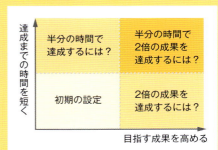

32 オプション思考

複数の選択肢を持って客観的に考える

	選択肢1	選択肢2	選択肢3
製品	セット商品を考える	小分け商品を増やして、購入点数を増やす	継続購入したくなる設計にする
価格	セットにすることで商品単価を上げる	少額で提供し、合計金額増を目指す	買いきりではなく、定期便として提供
流通	現在と変わらず駅前のお土産市場で出店	駅構内のコンビニ進出を狙う	初回は店頭、次月以降は宅配
販売促進	セット商品の告知を強化する	買い方のバリエーションをたくさん紹介する	つながりを付加価値としてコミュニティ化

※お土産販売事業者が顧客単価アップのアイデアを考えている例

基本情報

「オプション思考」とは、複数の選択肢を持ち、総合的かつ客観的に意思決定を行う思考法です。問題の原因を考える際やアイデアを検証する際など、1つの選択肢に盲目的に依存するのではなく、考えられる選択肢を俯瞰し、評価・選択を行います。

客観的な意思決定ができるという点に加え、選択肢が複数あることで方向修正をしやすいというメリットもあります。アイデアを考える際や、活動を振り返る際、「これが最善の方法だろうか？」と問い、視野を広げておくことが重要です。

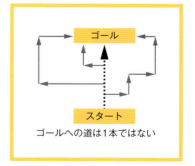

ゴールへの道は1本ではない

32 オプション思考

考え方

❶ **[テーマを設定する]**：考える対象となる課題やテーマを設定します。漠然としたお題を設定するのではなく、目的と目標を具体化しておくことがポイントです。

❷ **[選択肢（オプション）をつくる]**：課題に対して考えられる選択肢をリストアップします。まずは考えられるだけ考えてみましょう。状況や目的にもよりますが、最低3つ以上の選択肢をつくるつもりで考えます。選択肢の数が少ないと、十分な比較ができなかったり、無理矢理な意思決定につながってしまったりするためです。このステップでは可能性を探ることを重視します。

❸ **[選択肢について議論する]**：各選択肢を深掘りします。それぞれについて具体化して考え、メリットとデメリットとして何が考えられるか、その理由や根拠、関連するデータは何があるかなど、選択肢の解像度を高めます。

❹ **[選択肢を評価する]**：指標を用意し、それぞれの選択肢を評価します。重要性、実現可能性、収益性、将来性、リスク、リターン、ユニークさ、インパクトなど、状況や目的に応じた評価指標を設定しましょう。3段階で数値化するなど、定量的に評価できるとわかりやすくなります。

❺ **[意思決定を行う]**：各選択肢の評価を考慮して、意思決定（選択）を行います。意思決定を行った後は、アクションの内容を具体的に考えて実行します。現場で得られる情報をもとに、選択肢の確保、評価、行動を常に繰り返していきます。

思考のヒント

意思決定マトリクスを用いて評価する

選択肢を評価する方法には様々な手法がありますが、シンプルでわかりやすい手法に「意思決定マトリクス」があります。

これは、各選択肢を用意した指標に沿って点数化する方法です。一覧で定量的な評価を俯瞰できるので、意思決定のための材料を整理する場面で役に立ちます。

	指標	指標	指標	合計
選択肢	1点	2点	3点	6点
選択肢	2点	2点	1点	5点
選択肢	3点	2点	3点	8点

33 ビジョナリー思考

未来の展望を描いて組織のベクトルを一致させる

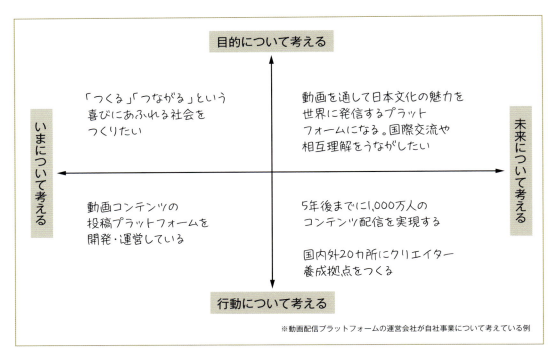

※動画配信プラットフォームの運営会社が自社事業について考えている例

 基本情報

　ビジョンとは、未来像、理想像、展望などを意味します。そして「ビジョナリー思考」とは、未来のありたい姿や展望を描き、その未来像に向けてアクションを起こす思考法です。

　目の前の状況に場当たり的に対応するのではなく、長期的な視点を持ち、いまと未来がつながっているのがビジョナリー思考といえます。旗を掲げて、人を巻き込みながら問題解決を進めるためにも有効です。

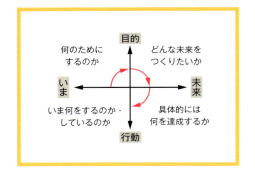

102

考え方

❶ **[取り組んでいる活動を確認する]**：「いま⇄未来」「行動⇄目的」の2つの軸で思考を拡張してみましょう。まず、いま自分が取り組んでいることを書き出します。どんな事業を運営しているのか、どんな仕事をしているのかに着目します。

❷ **[目的を考える]**：❶で書き出した内容について、何のためにそれを行っているのか、あるいは考えているのかについて考えます。つまり目的を考えるということですが、特に「自分は何がしたいのか」のような意志や想いに着目します。さらに、社会の課題を解決できるような利他的な目的や意義についても考えましょう。

❸ **[未来へ拡張する]**：目的を軸に、未来の展望を考えます。どのような未来をつくりたいか、どんな社会を実現したいかについて思考していきます。この際、5年、10年、100年、それ以上先の未来、といった長期的な時間軸で考えられるほど、強力なビジョンが生まれます。

❹ **[共有できる目標を設定する]**：どんな未来をつくりたいかを考えたら、そのためにどんなアクションを行うのかを考えます。「何がどうなれば、❸の未来が実現されたといえるか」と考えてもよいでしょう。具体的に計測できる目標を設定します。

❺ **[いまの行動に反映する]**：考えた未来像や目的、展望、目標に合わせて、目の前の行動を調整します。描いた未来から逆算して、方向性や行動計画を調整しましょう。

思考のヒント

ベクトルを一致させる

組織が継続的に前進するには、個々人のベクトルが一致していることが重要です。

ビジョンを掘り下げて共有するメリットの1つは、このベクトルの一致にあります。ビジョナリーに考えるプロセスを通して、個人・組織の方向をすり合わせていきましょう。

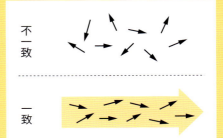

34 コンセプチュアル思考

意味の再定義を通して本質的な視点を得る

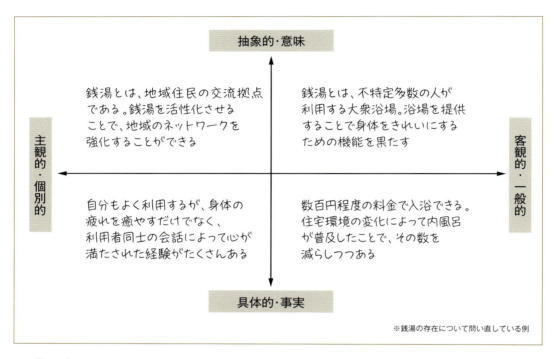

※銭湯の存在について問い直している例

基本情報

「コンセプチュアル思考」とは、目には見えない物事の本質的な性質をとらえる思考です。物事への理解を促進するとともに、意味を再定義することで、新しい認識や見方を生み出します。価値の設計や、組織のビジョン構築など、大局的な思考を要する場面で特に大切な考え方です。

ここでは再定義の過程で重要な、「抽象と具体」「主観と客観」の軸を往復する思考について紹介します。

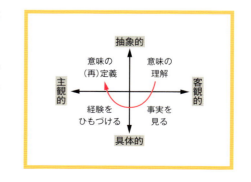

考え方

❶ **[意味を理解する]**：考える対象となるテーマを設定し、その物事が持つ意味や一般的な認識を調べます。

❷ **[客観的な事実を見る]**：テーマに関連する具体的な情報を収集して、事実に対する理解を深めます。事例や関連分野の情報、その物事がたどってきた歴史などに着目します。

❸ **[自分の経験とひもづける]**：客観的・一般的な定義や事実に加えて、自分自身の持っている経験や考えを書き出します。一般論を述べるだけでなく、「自分ごと化」することがポイントです。

❹ **[意味を再定義する]**：ここまでに収集した情報を踏まえ、自分なりに物事の意味を再定義します。左ページは「銭湯」について考えている例です。銭湯とは、一般的にはお風呂に入る場所（機能）という認識がありますが、自身の経験から実際にはそれだけではなく、利用者同士の交流や、地域のセーフティーネットワークも担っていると考え、銭湯を「地域住民の交流拠点」と再定義しています。ここで再定義される内容は短い言葉でも、一般的な意味や事実に加え、自身の経験や考え方が集約されていることが重要です。

❺ **[表現する]**：生み出した新しい考え方でアクションを考えます。例でいえば、単なる浴場ビジネスとしてではなく、地域交流の面からも銭湯の活性化に取り組む活動を考えられます。組織のビジョンについて考える場合には、ビジョナリー思考（参照→33）と組み合わせることで、より結晶度の高いビジョンを生み出すことができます。

思考のヒント

イメージ化にも挑戦してみる

❹のステップでは、言葉によって再定義することで概念を理解します。同時に、イメージを考えてみることも概念化を促進します。例えば、銭湯の意味や役割を図やイラストにするとどうなるでしょうか。

正解ではなく納得を目指して、再定義に挑戦してみましょう。

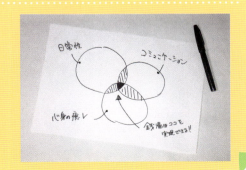

第3章のエクササイズ ❶

　第3章では、ビジネスについての発想力を高めるというテーマでした。ビジネス視点を鍛えるにあたり押さえておきたいのは、やはりビジネスモデル思考（参照→㉗）です。
　そこで、このエクササイズでは改めてビジネスモデル思考と、ビジネスモデル・キャンバスについて掘り下げていきます。

誰にどんな価値を届けるのか

　ビジネスモデル思考を活用するにあたって、まず自身が誰に対してどんな価値を届けようとしているのか、あるいは現在届けているのかを改めて明確にしてみましょう。
　価値を考えるには、誰に提供しようとしているのか、そしてその人々はどのような問題を抱えていて、何を望んでいるのかを考える必要があります。これらについての思考に詰まる際は、価値提案思考（参照→㉓）、シーズ思考（参照→㉔）、ニーズ思考（参照→㉕）を振り返ってチェックしてみてください。

持続可能な仕組みとして成り立たせるには何が必要？

　次に、価値を届けるために、どのような要素が必要となるかを考えます。ビジネスモデル・キャンバスでは「顧客セグメント」「価値提案」「チャネル」「顧客との関係」「収益の流れ」「主なリソース」「主要活動」「主なパートナー」「コスト構造」の9要素を検討します。明確になっていない要素がある場合は、情報を収集して考えを深めていきましょう。

既存のビジネスモデルを改善する

　ビジネスモデルを新しく考える場合はもちろん、既存のビジネスモデルの理解や改善にもビジネスモデル・キャンバスのエッセンスは活用できます。9要素についての情報を整理し、よりよい価値提供の仕組みが生み出せないか考えてみましょう。
　また、ビジネスモデル・キャンバスは「価値を届けるための仕組みづくり」を考えるあらゆる場面で活用可能です。自身の担当している社内プロジェクトやチーム内のコミュニケーションにおいて、価値の流れを改善できる点がないかチェックしてみてください。

Webサイトのビジネスモデルを考えてみよう

　下図は、「忙しくてもできる、手軽でおいしい健康的な料理のレシピを配信する女性向けメディア」のビジネスモデルを考えた例です。Webサイトを主たる軸とし、広告モデルを用いることによって収益を得ようとする考え方を採用しています。

KP 主なパートナー	KA 主要活動	VP 価値提案	CR 顧客との関係	CS 顧客セグメント
・料理に関するアドバイザー ・記事作成を引き受けてくれるライター	・レシピ作成 ・記事作成 ・認知獲得のためのマーケティング	・お手軽簡単にできる料理のレシピ ・お手軽料理について知りたいと思っているユーザーのネットワーク	料理を通じて暮らしをよりよくする方法を模索する共創コミュニティ	料理スキルに関心がある女性。特に、料理をしたいと思う一方でそこまでゆっくりと時間を取れない女性のセグメント
	KR 主なリソース		CH チャネル	
	・メディアのブランド ・料理に関する知識 ・記事作成スキル		・運営するメディアサイト ・SNSアカウント	

C$ コスト構造	R$ 収益の流れ
・記事作成に必要な編集担当者への人件費 ・レシピ作成に必要な材料や調理器具などの物質的コスト ・Webメディアの管理コスト ・広告出稿に必要なコスト	クリック型広告の課金

The Business Model Canvas
©Strategyzer(https://strategyzer.com)
Designed by Strategyzer AG

最終的に提供する価値が同じでも収益構造は複数考えられる

　上記の例ではクリック型広告を収益の方法として採用していますが、レシピの一部を有料コンテンツ化し、月額会員制を採用することで収益を得るという方法も考えられます。

　最終的に「料理のレシピを作成して公開する」という部分は同じだとしても、このように収益の構造は複数考えられます。世に存在しているビジネスモデルを参考にしながら、ベストな収益の方法を検討してみましょう。なお、収益の流れを変えると、そのほかの要素や必要なリソースも調整する必要があるので、留意しておく必要があります。

物販のビジネスモデルを考えてみよう

　皮革ブランドとして鞄や財布を製作・販売するビジネスモデルを考えてみましょう。物販モデルは代表的なビジネスモデルの1つです。素材を仕入れて加工し、販売するという基本を理解し、どのように付加価値をつけるか、競合との差別化を図るかなど思考してみてください。

KP 主なパートナー	KA 主要活動	VP 価値提案	CR 顧客との関係	CS 顧客セグメント
素材の仕入れ先	・商品の製作 ・ブランドマネジメント	上質な皮革を使用した高級感にあふれる鞄や財布などのファッションアイテム	せまく密にハイタッチな関係を構築。ファンの育成を重視する	オシャレさの中に上質かつこだわりのある装飾品が欲しいと思っている高級志向の20代〜30代
	KR 主なリソース ・製作技術 ・ブランド		CH チャネル ・直営ショップ ・ECショップ ・イベント出店	

C$ コスト構造	R$ 収益の流れ
・材料の仕入れ費用 ・製作スタジオの管理費用 ・倉庫の管理費用	各種アイテムの販売料

The Business Model Canvas
©Strategyzer(https://strategyzer.com)
Designed by Strategyzer AG

ステークホルダーを可視化する

　価値提供のために必要な9つの要素を整理したら、そのビジネスモデルを実行する際のステークホルダーを書き出してみます。ステークホルダーとは、活動によって影響を及ぼし合う利害関係者のことです。

　顧客やパートナーはもちろん、取引先企業や行政機関、地域住民、競合など、お互いに影響があると考えられるステークホルダーを書き出します。それらのステークホルダーそれぞれの状況や望みを理解し、価値の循環が生み出せるようベストな形を考えます。

非営利のモデルを考えてみよう

　ビジネスモデル・キャンバスを活用できるのは営利企業だけではありません。非営利団体や公的機関、さらには社内のプロジェクトにも有用です。下図は、中古衣料を海外への支援物資として収集・リユースしているNPO法人のモデルを描いています。

KP 主なパートナー	KA 主要活動	VP 価値提案	CR 顧客との関係	CS 顧客セグメント
中古衣料の回収ボックスを設置させてくれる企業各社	・中古衣料の収集 ・管理と配送	・中古衣料の収集と配送 ・現地と日本の有志たちとの交流機会をつくる	課題解決のための共創コミュニティ	・衣料品が不足している国 ・着る服が不足して困っている人々
	KR 主なリソース 活動に協力してくれる有志		CH チャネル 現地のNPO法人	

C$ コスト構造	R$ 収益の流れ
・衣料品の管理コスト ・活動の告知や報告用のWebサイト運営費用	・寄付 ・クラウドファンディング

The Business Model Canvas
©Strategyzer(https://strategyzer.com)
Designed by Strategyzer AG

活動を行うための資源を意識する

　上記の例では、資源の流れとして寄付とクラウドファンディングを採用しています。営利目的の組織でなかったとしても、何らかの活動を行う以上、そこにはコストを補うための資源の流れがあるはずです。
　ほかにも、販促活動の一環として行うイベント単位で考えるときも同じです。活動を維持するためには、コストを補うための資源が必要不可欠です。価値提供の内容と対象者、そして活動を維持するための資源の流れを意識してみましょう。

第3章のエクササイズ ❷

次に、「戦略」について掘り下げてみます。戦略的思考（参照→㉙）のページでは、戦略を考える方法として「ポーターの3つの基本戦略」を紹介しましたが、そのほかにも多数の手法が存在します。ここではそれらを取り上げていきます。

「戦略キャンバス」で差別化戦略を考えてみよう

W・チャン・キムとレネ・モボルニュは、競争の激しい市場「レッド・オーシャン」に労力や資源を割くのではなく、競争のない市場に注力するという戦略論「ブルー・オーシャン戦略」を提唱しました。

これはつまり、戦わずして勝つことを考える戦略論です。そのためには、まだ競合が焦点を当てていないニーズや提供価値を見出し、商品やサービス、事業を展開する必要があります。そのような未着手の市場を模索するときに使えるのが「戦略キャンバス」です。

戦略キャンバスとは、競争要因を抽出し、競合や自社がそれぞれの要因に対してどのくらい注力しているかを可視化する手法です。値が高いほど、各競合がその要因に対して力を入れていることを表します。

市場の競争要因を理解すること、また、競合がどのような要因に投資をしているかを可視化できる点がメリットです。

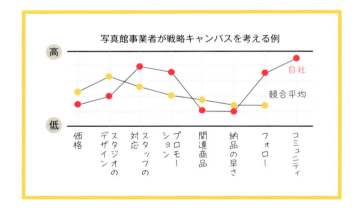

各要因における競合の値を結んだ線（価値曲線）を見比べて、線の形が競合と自社で一致する場合は、激しい競争環境に身を置いてしまっていると考えられます。書き出した要因のいずれかを差別化する、あるいは新しい競争要因を見出すことで、自社の取る新しいポジションを検討します。

差別化のアイデア出しの切り口としては「取り除く」「減らす」「増やす」「つけ加える」の4つが有効です。このうち「取り除く」「減らす」は主にコスト削減、「増やす」「つけ加える」は付加価値の創出に貢献します。

　左ページの写真館事業者の例では、写真好きのコミュニティ形成を新たな付加価値として生み出すことで、競合との差別化を図ろうとしています。自社の属する市場の競争要因を書き出し、競合と差別化できる戦略を考えてみましょう。

「アンゾフの成長マトリクス」で事業の多角化戦略を考えてみよう

　続いて、既存事業の成長戦略を考える手法「アンゾフの成長マトリクス」を紹介します。この手法はイゴール・アンゾフが提唱した考え方で、市場（顧客）と製品について、それぞれ新規と既存の軸を用いてマトリクス化し、戦略の方向性を検討するものです。

　既存の市場内でのシェア率を高めようとするのが「市場浸透戦略」です。もしこの戦略に成長の兆しが見込めるのであれば、リスクが低く確実性があります。

　マトリクスの右上、既存の市場に対して新しい製品を展開する「新製品開発戦略」では、既存顧客のニーズを分析し、関連アイテムやバージョンアップ製品などを開発します。この戦略には既存の顧客チャネルを活用できる利点があります。

	製品	
	既存	新規
市場　既存	市場浸透	新製品開発
新規	新市場開拓	多角化

アンゾフの成長マトリクス概念図

　左下は新しい市場に対して既存の製品を展開する「新市場開拓戦略」です。既存の製品が持つ機能や特性を、異なるニーズを持つ市場に対して提供する方法を考えます。例として、これまで国内向けに打ち出していた商品を海外に展開するなどが挙げられます。

　右下は市場も製品も新しい組み合わせを考える「多角化戦略」。これは、既存事業を展開する中で培った競争優位性を活かし、新たな商品・サービスを検討する戦略です。

　既存事業を見つめ直し、ニーズとシーズを可視化したうえで、既存事業とシナジー（相乗効果）の生まれそうな新しい戦略を考えてみましょう。

コラム　小さく生んで大きく育てる

　第3章では価値の創造、ビジネスモデル、戦略といったキーワードを中心に「ビジネスを設計するための考え方」について触れました。ビジネスアイデアを具現化していく際に意識しておきたいのが、「小さく生んで仮説検証しながら大きく育てていく」という考え方です。

大きすぎるものは動かしづらい。まずは小さくスタート

　事業や商品・サービスを考える際、あるいは社内で業務改善のプロジェクトを立ち上げる際など、全体像を描くにつれてどんどん内容が複雑になり、サイズが大きくなってしまうことがあります。

　大きなビジョンを持つことは大切ですが、企画が大きくなればなるほど、運営や修正に必要なコストも高くなってしまいます。

　まずは動かしやすいサイズで設計し、仮説検証をしながら段階的に最適解を目指すとよいでしょう。

必要に応じて機能とサイズを拡張する

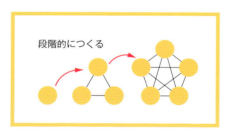

　例えば「商業施設の空きスペースをイベント会場として貸し出す仲介サービス」を考えたとします。これを小さく企画するなら、「空きスペース保有者とイベント運営者をマッチングする」という機能が実現可能か、サービス利用者のニーズを満たすことができるか、という部分に焦点を絞ります。サービスの第1段階を設計するイメージです。

　ここで、イベント用機材のレンタルも可能にしよう、イベント紹介用のWebページ製作も請け負うようにしよう、タレントの派遣も仲介しよう、などの案が思い浮かぶかもしれません。しかしそれらは、「空きスペース保有者とイベント運営者をマッチングする」という機能の有効性を検証した後、段階的に加えていけばよいのです。

　取り組もうとしていることの目的と課題、使える資源を考えたうえで、最も核となる要素は何か、どんな形で仮説検証をスタートさせるべきかを設計するようにしましょう。

第4章 プロジェクトの推進力を高める

- 35　Why思考（目的探索）
- 36　改善思考
- 37　経験学習モデル
- 38　ダブル・ループ学習
- 39　プロセス思考
- 40　横断的思考
- 41　GTD
- 42　自責思考
- 43　ポジティブ思考
- 44　ABC理論
- 45　内観法
- 46　相対的思考
- 47　抽象化思考

プロジェクトの推進力を高める

　第4章では、プロジェクトを運営する際に役立つ思考法を解説します。組織運営に活きる考え方が多いので、様々なマネジメントの場面で活用してみてください。

目的と計画を持って物事を進める

　プロジェクトとは目的や目標を達成するための計画のことを指します。それを考えて実行するプロジェクトチームは、目的達成のために誰がどんな役割を担うのか、いつまでに何をするのかといった計画を明確に設計し、常に情報を共有しながら各メンバーが自分の担当業務を遂行します。

　第4章では、プロジェクトの推進力を高めるために、「業務の改善」や「人の問題」に関する思考法を取り上げます。なお、プロジェクトという言葉を使ってはいますが、継続的に行う業務の中でも活用できます。

計画はズレる。常に調整し続けよう

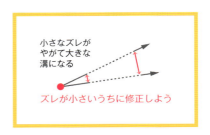

　目的と計画を明確にし、それを共有することが重要ですが、計画はいくら緻密に設計してもその通りに進まないものです。正しい方向にプロジェクトを推進していくには、修正を繰り返していく必要があります。

　最初はわずかなズレであったとしても、放置しておくと取り返しのつかない大きな溝を生み出してしまいます。同じ方向を向いてスタートしたはずが、プロジェクトが空中分解するといったことは往々にして起こります。コミュニケーションについても同じです。小さな違和感は最初にすり合わせておかなければ、それは見えない場所で蓄積され、やがて修復不可能なひずみになってしまいます。

　複数のメンバーが協力して問題解決に取り組む際は特に、課題と目的・ゴール、現在地点を丁寧にすり合わせる必要があるのです。目的やビジョンを明確化する思考、計画とのズレを可視化して修正していく思考力を高めていきましょう。

視点が違うことを理解し、調整する

　プロジェクトの運営に関わるメンバーにはそれぞれ役割があり、それぞれが自分の視点や視座から物事を考えています。一般的に経営層と現場では、見ている範囲（経営層は全体、現場は部分）や、時間軸（経営層は長期、現場は短期）に違いが生まれやすいものです。
　こうした違いがあることは、役割分担をしている以上は当然で、それ自体は悪いことではありません。しかし、そうした考え方や優先順位の違いが原因で衝突してしまうのは建設的ではありません。プロジェクトを推進する立場にあるのであれば、それぞれの層の声に耳を傾け、調整役となるような働きが求められます。

コミュニケーションの目的を見失わないように

　1つの目的に向かってプロジェクトを進めるためには、人と人とのコミュニケーションが欠かせません。経営と現場のような縦のコミュニケーション、部門と部門を横断するような横のコミュニケーションに加え、社外とのコミュニケーションについて考えなければいけない場面もあるでしょう。
　コミュニケーションの目的は、思いや考え、意見を伝え合い、共通理解や合意形成を図ることにあります。多種多様な相手とコミュニケーションを図る場合には、自分と相手は違っているという認識を持っておくことが大切です。「自分の常識は相手にとっての非常識」である場合も少なくありません。一方的に自分の考えをぶつけるのではなく、相手の話をよく聴き、受け入れ、そのうえで建設的に物事を考える姿勢を心がけましょう。

目に見えない部分への想像力を働かせる

　業務を改善するにしても、コミュニケーションを考えるにしても、目に見えない部分への配慮ができるかどうかがカギとなります。目に見えるもの、言葉になっていることのその先へ歩み寄ろうとする想像力を大切にして、本章を読み進めてほしいと思います。

35 Why思考（目的探索）

目的と手段の整合性を考える

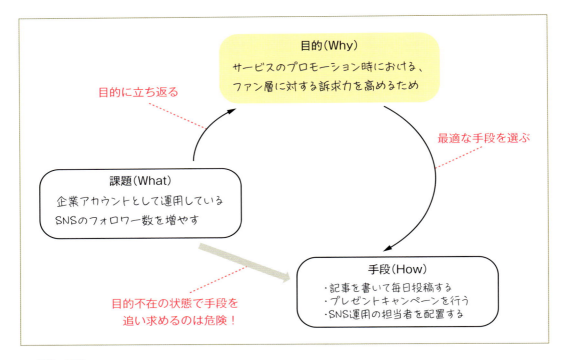

基本情報

　「目的思考」とは、目的と手段の違いを意識しながら物事を考える思考法です。ここで目的とは「最終的に達成したいこと」で、手段とは「目的を達成するための方法」を意味します。

　本来、問題解決においては目的があって課題があり、具体的な手段を考えて取り組みます。つまり、最も重要なのは目的です。しかし、目の前の業務に集中していると、それらの順序が逆転し、手段そのものが目的化してしまうことがあります。

　手段が目的化してしまうと、成果の出ない努力に資源を浪費してしまいかねません。そのような状況に陥らないよう、「なぜ取り組むのか？」という問いを常に意識して、目的を明確にし続け、さらに目的と手段の組み合わせの最適化を行うのが目的思考です。

35 Why思考（目的探索）

考え方

❶ **[課題を明確にする]**：取り組もうとしている課題を明確にします。左の例では「企業アカウントとして運用しているSNSのフォロワー数を増やす」を課題として設定しています。

❷ **[目的を確認する]**：課題に取り組む目的を確認します。目的を考える際に有効な問いが「Why（なぜ取り組むのか）？」です。Whyを問いかけることで、目的、意味、背景、メリットなどを明確にします。

❸ **[手段を考える]**：目的を確認できたら、それを達成するための具体的な手段を考えます。このときは「How（どうやって）？」を考えることになります。

❹ **[目的と手段・課題の整合性を確認する]**：目的と手段に整合性があるかを確認します。目的と手段がズレている場合、あるいはより適切な手段があると考えられる場合は修正しましょう。また、取り組もうとしている課題が目的を達成するのに適切でないとわかった際には、課題そのものを修正します。

補足　目的が変われば手段の内容も変わる

例えば、ファン層への訴求力を目的としている場合に作成する記事と、新規の見込み客向けに作成する記事とでは内容が異なります。目的を押さえていないと適切な手段を選べず、成果につながりません。また、目的達成のためにはSNSの運用よりも、アナログのイベントに注力した方がよい可能性もあります。常に目的をはっきり意識しておくことが大切です。

思考のヒント

目的はより上位の目的のための手段

手段と目的はセットです。そしてある目的も、より上位の目的から見ると手段となります。問題解決では、右図のように目的と手段が階層になっています。まず最上位の目的を確認し、それぞれの目的と手段のセットを考えます。複数人で議論する場合には、どの階層について話しているのかを確かめることが重要です。

第4章／プロジェクトの推進力を高める

36 改善思考
より生産性の高い方法へと策を磨き続ける

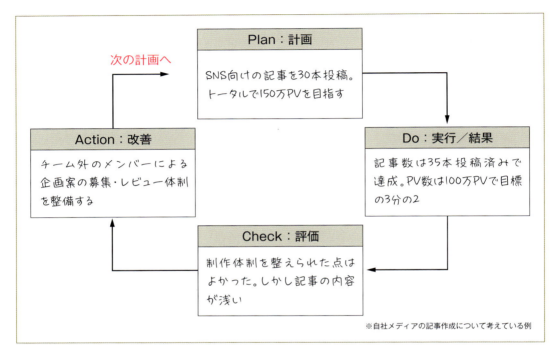

※自社メディアの記事作成について考えている例

基本情報

「改善思考」とは、計画と結果のズレを可視化し、そのズレを埋める方法を考え、生産性を高めていく思考法です。単位時間あたりに生み出せる価値や、成果の量を高めていくことが目的です。よりよい状態を目指して評価と改善のサイクルを繰り返すことで、行動や考え方を更新し続けることができます。

効果的な解決策を考えるだけでなく、解決策を効果的に「磨き続ける」といった、継続的かつ循環的な考え方を持つことがポイントです。

ここでは、改善を考える際に使われる代表的なメソッド「PDCAサイクル」を取り上げます。計画（Plan）・実行（Do）・評価（Check）・改善（Action）のプロセスに沿った、改善思考の流れを見てみましょう。

考え方

❶ **[計画を立てる（Plan）]**：PDCAは計画の設定から始めます。何をどのようなスケジュールで実施するのかを整理しましょう。スケジュールとあわせて目標も書き出します。このとき、数値で計測できる目標にしておくと、有効な振り返りができます。

❷ **[実行する（Do）]**：計画を実行し、結果を可視化します。具体的に実行した内容や、生じた出来事、計画とのズレを整理します。

❸ **[評価する（Check）]**：結果に対する評価を行います。よかった点、問題のある点と、それらの要因を分析してまとめます。

❹ **[改善する（Action）]**：次に向けての改善策を考えます。問題のある点の中で止めるべきことは止め、改善して続けるものは改善策を考えます。よかった点の中でも、そのまま同じように実行すべきものと、改善するものを分けて考えます。考えた内容を「次の計画」に反映し、以降、❶〜❹を繰り返します。

思考のヒント

改善点を抽出するフレームワーク「KPT」

PDCAサイクルを回して改善を行ううえで活用できる振り返りの方法に「KPT」があります。よかった点（よかったので継続する点、Keep）、改善すべき点（Problem）、取り組むこと（Try）の順に検討していき、次のアクションでより高い成果を出す方法を考えます。

37 経験学習モデル

経験から学びを獲得して次に活かす

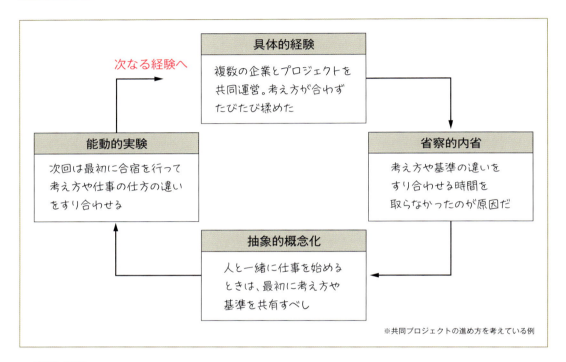

※共同プロジェクトの進め方を考えている例

基本情報

　問題解決のプロセスを通して、人は様々な経験をします。それらの経験を振り返り、他の場面でも活用できるよう理論化することで、経験を学びへと昇華させることができます。このように経験から学ぶことを「経験学習」といい、デイヴィッド・コルブは「具体的経験→省察的内省→抽象的概念化→能動的実験」からなる「経験学習モデル」を提唱しました。

　平たくいえば「経験する→振り返る→考える→行動する」のサイクルです。新たなスキルの獲得はもちろん、すでに持っているスキルや知識を発展させるためにも活用できます。改善思考（参照→36）では活動の内容そのものに焦点が当てられることが多いのに対し、経験学習において意識したいのは、その活動の主体となる個人・組織の学習です。

考え方

❶ **[具体的経験を行う]**：業務や活動によって具体的な経験を行う段階です。何らかの活動の中で取った行動や発言の内容、それらによって得られた結果に着目します。

❷ **[省察的内省を行う]**：経験の内容を振り返り、それらにどのような意味があったのかを考えます。よかったこと、悪かったこと、そのときに感じたことを振り返り、その理由やそれらにどんな意味があるかに着目します。

❸ **[抽象的概念化を行う]**：省察的内省によって得られた内容を持論化（マイセオリー化）します。経験の中から「教訓」を引き出すステップといえます。学びを抽象化し、異なる状況でも活用できるよう一般化しましょう。なお、自分1人で考えるだけでなく、他者からフィードバックを得ることによって、より精度の高い教訓を引き出しやすくなります。

> **補足　持論化のイメージ**
> 持論化するというニュアンスがつかみづらい場合には、要点化（ポイント化）、パターン化、方程式化、チェックリスト化、フレームワーク化、ルール化といったイメージで考えてみましょう。未来の経験でも応用できるような一般化に挑戦してみてください。

❹ **[能動的実験を行う]**：❸の持論を活かして、次のアクション（能動的実験）を考えます。これによって、次なる具体的経験が得られるので、以降このサイクルを繰り返します。

思考のヒント

学びを抽出するフレームワークYWT

振り返りによって学びを獲得するのに適したフレームワークが、やったこと（Y）、わかったこと（W）、次にやること（T）の順に振り返りを行う「YWT」です。改善思考のヒントで紹介した「KPT」と近い使い方をしますが、YWTの方がより「学び」の獲得に力点があるという点がポイントです。

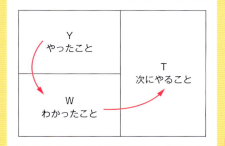

38 ダブル・ループ学習

考え方そのものを振り返り、思考の質を高める

変数の振り返り	行動戦略の振り返り	得られた結果
地域のPR手段としてイベント開催はベストか？ 評価指標は来訪者数で正しいのか？	目標とする来訪者数を達成できなかった イベントのインパクトや集客を強化すべき	地元地域のPRプロジェクトを立ち上げた 来訪者を増やすためイベントを企画・開催

 基本情報

　ハーバードビジネススクール名誉教授のクリス・アージリスは、組織には「シングル・ループ学習」と「ダブル・ループ学習」の2つの学習プロセスがあることを提唱しました。

　シングル・ループ学習とは、既存の考え方の中で物事の改善・学習を図ることです。一方、改善・学習のあり方そのものを対象とし、新しい考え方の枠組みを取り入れながらより高い可能性を模索するのがダブル・ループ学習です。

「Harvard Business Review 2010年02月号」（ダイヤモンド社）から引用

考え方

❶ **[行動によって得られた結果を整理する]**：行動によって得られた結果を整理し、活動の中で経験したこと、成功したこと、失敗したことなどを可視化します。

❷ **[行動戦略レベルで振り返る（シングル・ループ学習）]**：どうすればよりよい成果が得られるか、行動内容の改善策を考えます。このレベルの振り返りは、既存の思考の枠組みを用いてPDCAを回す、実務的な改善を行うループであり、改善・学習の対象は「行動の内容（どう行動すべきか）」になります。

❸ **[変数レベルまで振り返る（ダブル・ループ学習）]**：❷の行動戦略の背景にある考え方や前提について振り返ります。行動戦略の振り返りでは、実務的な問題の解決策や改善方法を考えました。変数レベルの振り返りでは、「設定している課題や目標は適切なのか」「取り組もうとしているプロジェクトそれ自体は正しいのか」「何を評価指標とするのか」といった視点で振り返り、考え方を再構築します。行動の内容よりも「考え方の枠組み」「改善の仕方」「学習の仕方」が改善・学習の対象となります。時には既存の考え方を捨て、新しい考え方を取り入れていく変革力が求められます。

❹ **[次なる行動を決定する]**：各レベルでの振り返りを往復しながら、得られた学びを整理し、次の行動に移ります。以降は「行動→行動戦略の振り返り→変数の振り返り」を繰り返します。

思考のヒント

学習のための学習という考え方

ダブル・ループ学習は、「学習のための学習」を行う考え方ともいえます。どう学習するかを学習する、どう評価するかを評価する、どう振り返るかを振り返る、どう考えるかを考えるといった視点で考えます。

組織が成長を続けるために、自らを問う内省的な思考が必要になります。

39 プロセス思考

結果だけでなくそこに到るまでの過程や工程にも目を向ける

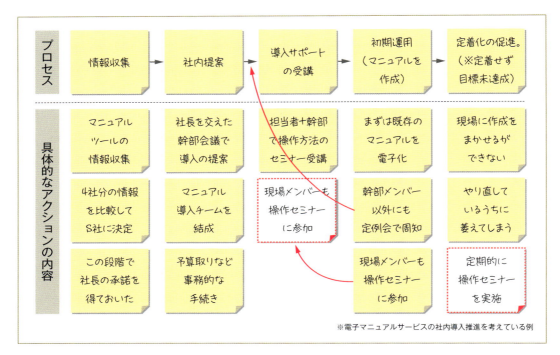

※電子マニュアルサービスの社内導入推進を考えている例

基本情報

「プロセス思考」とは、結果だけを見るのではなく、そこに到るまでの過程や工程にも着目して物事を考える思考法です。ビジネスにおいては結果が重要であることに間違いはありませんが、最終的な目標達成の成否だけを評価して思考を止めてしまうのは危険です。なぜなら、次に向けた改善策を考えないことにつながり、発展が見込めないからです。

最終的な結果に到るまでにどのようなプロセスを経たのか、そして部分的なプロセスの中でどのような行動を取ったのかを可視化し、具体的な評価をして改善策を考えます。自身の業務内容を設計・改善する際はもちろん、他者に対する評価やフィードバックを行う際にも重要な考え方となります。

考え方

❶ [目標と結果を可視化する]：事前に立てていた目標と、実際の結果を把握します。例えば「電子マニュアルツールを導入して研修費用を50％削減する」という目標を立てていたとして、実際に電子マニュアルを導入できたかどうか、研修費用50％削減を実現できたのかどうかを確認します。

❷ [プロセスとアクションを可視化する]：結果を把握したら、そこに到るまでにどのような過程を経たのかを可視化します。最初に大まかなプロセスを可視化し、次に各プロセスの中で具体的にどのように行動したのかを書き出します。

❸ [評価する]：プロセスのよし悪しを評価します。流れとして適切だったか、過不足はないか、もっとよい方法はないかを考えます。また、具体的なアクションについても評価します。例えば「導入サポートの受講」というプロセスで適切なアクションを実行できているか、期間やタイミングは適切か、といったことのよし悪しを考えます。

❹ [改善策を考える]：❸の評価にもとづき、よりよくできる方法を考え、次なるアクションまで考えます。左ページの例では、マニュアルを導入しようとしたことや、決裁を取るまでの動き方はよかったのですが、現場への浸透に関する見立てが甘く、失敗しています。そこで、「幹部メンバー以外への周知のタイミングを早める」「現場メンバーに定期的な操作セミナーを開催する」などして、改善策を考えています。このように、一度失敗したからといって、思考停止してすべてを切り捨ててしまわないことが重要です。

思考のヒント

建設的な部分否定が前進のカギとなる

全体否定は思考停止を招く根源です。誠実に取り組んだ結果であれば、100％すべての行程が間違っているということはまずありえないでしょう。よかった点、問題があった点を適切に分解・分析し、本当の問題点を可視化・共有できるよう努めます。思考をうながすのは全体否定ではなく、的確な部分否定です。

漠然と全体否定するのではなく

よい点と悪い点を正しく把握する

40 横断的思考

領域を超えた物事のつながりを考える

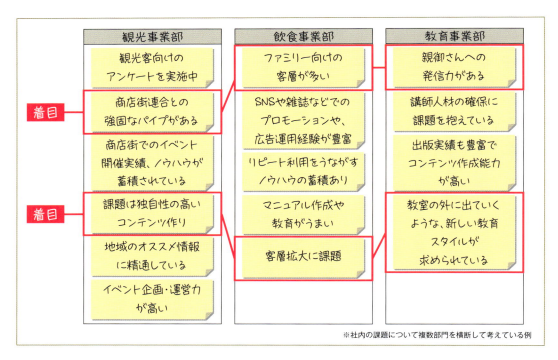

※社内の課題について複数部門を横断して考えている例

基本情報

「横断的思考」とは、複数の異なる領域や分野、部門、担当範囲にまたがって考える思考法です。複数の領域に共通する要素や、補い合う要素に着目して「つなぐ」思考ともいえます。異なる領域をつなげることによって、コラボレーション（共創）やシナジー（相乗効果）を生み出しながら、問題解決を促進します。

1つの分野で物事を細分化して専門性を高めるだけでは解決できない、複数の専門性を組み合わせる必要がある状況で有効です。昨今は、複数の要因が複雑に絡み合う問題を解決しなければいけない場面が多々あります。事業単位、部門単位、個人単位など、様々なレベルで重要になってきている思考といえます。

考え方

❶ **[複数の領域について知る]**：1つ1つの領域について、それぞれの特性、強みや弱み、抱えている課題、発展しているスキルや文化についての理解を深めます。例えば自分が観光事業を担当しているとしたら、観光事業に関する理解を深めるのはもちろんですが、他の事業部（例えば飲食事業や教育事業）の課題や活動を知ろうと心がけましょう。

❷ **[領域の間にある共通点・相違点を考える]**：それぞれの領域の間にどのような共通点があるか、異なる点は何かを考えます。同じような課題を抱えていないか、共通する目的はないか、ある領域にはあって他の領域にはない強みやノウハウはないかを考えます。

❸ **[横断アイデアを考える]**：領域を横断することで効果を発揮するアイデアを考えます。ポイントは、コラボレーション（共創）やシナジー（相乗効果）を生み出す方法を考えることです。

> **例　横断アイデアを考える切り口**
> ・お互いの強みを活かすことはできないか？
> ・強みによって弱みを補完できないか？（貢献できないか、助けを求められないか）
> ・資源（保有するヒト・モノ・カネ・情報）を互いに活かすことはできないか？
> ・新しい論点を見つけられないか？（専門性を掛け合わせたチャレンジングな課題はないか）

❹ **[横断的なチームで実行する]**：アイデアを具体化し、実際に横断的なチームを編成して実行します。プロジェクトを進める際は、領域ごとに前提や制約が異なる点に気をつけます。

思考のヒント

専門性と提携力

事業を運営する過程で、縦に専門性を高めていく努力に加え、ここで述べたような横断力や、その専門性を横につないでいく提携力・展開力を鍛えていく必要があります。

複数の領域の基本的な知識や、領域ごとの制約を理解し、パイプ役として働きかけていく能力が求められるのです。

41 GTD

やるべきことを分類して頭の中をスッキリさせる

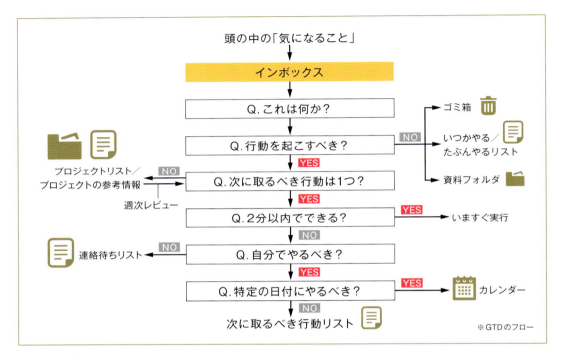

※GTDのフロー

基本情報

「GTD（Getting Things Done）」とは、デビッド・アレンが提唱したタスク管理手法で、頭の中にあふれる情報を整理するための考え方です。

考えるべきことや思いついたことを、目の前の状況に左右されながら感覚的に管理するのではなく、一定の思考プロセスを用いて管理し、優先順位の決定を行います。モヤモヤした頭の中を整理し、いま考えるべきことに集中できるのがGTDを活用するメリットです。

考え方の流れは、「把握」「見極め」「整理」「更新」「選択」の5ステップです。まず頭の中に思い浮かんだことをインボックスと呼ばれる情報の管理場所に置き、定められたフローに沿って分類し、実行します。インボックス、それぞれのフォルダ、リストとして利用するツールを用意し、GTDに取り組んでみましょう。

考え方

❶ **[把握する]**：やりたいなと思ったこと、すべきことなど、頭の中にある気になっていることを書き出し、インボックスとして設定した収納場所にひとまず放り込みます。インボックスは、紙やふせんに書くようなアナログのツールでも、メモアプリなどのデジタルツールでも構いません。

❷ **[見極める]**：インボックスの中に集めた気になることをチェックし、それぞれが何を意味するのか、実現するためには具体的にどんな行動が必要かを明確にします。左ページの図のフローチャートの中心にある6つの質問に沿って、外側にある8つのカテゴリに分類します。

❸ **[整理する]**：「ゴミ箱」「いつかやる／たぶんやるリスト」「資料フォルダ」「プロジェクトリスト」「いますぐ実行」「連絡待ちリスト」「カレンダー」「次に取るべき行動リスト」へと振り分けることができたら、重複している内容がないかをチェックして整理します。なお、GTDでいう「プロジェクト」は、複数の行動ステップが必要なものを意味しており、一般的にいうプロジェクトよりも短期的である場合があります。例えば「社内勉強会の開催」というタスクの中に「内容の検討」「講師の選定」「会場の確保」など複数のタスクがある場合、「社内勉強会の開催」というプロジェクトを作成して管理します。

❹ **[更新する]**：それぞれのリストやフォルダに入っている内容を定期的に更新します。

❺ **[選択する]**：そのとき置かれている状況、使える時間や資源、優先度を考えて、実際に取る行動を選択し、実行します。

思考のヒント

インボックスは一元管理する

　インボックスを用意していない状態で始めようとしたり、複数のインボックスツールがあって情報がバラバラという状態では、GTDをうまく活用することができません。ノートでもメモアプリでも、自分の使いやすいインボックスを用意し、一元管理できる体制を作りましょう。

情報が散在　　1カ所に集約

42 自責思考

自分でどうにかできる問題の優先度を上げて考える

自分自身にできたこと	他者の行動やマクロ的な要素
ベネフィットの見せ方が悪い フォローが足りず、やりっぱなしが多い 訪問先企業のリサーチが不足していた 作成した資料がわかりづらかった	商品コンセプトの設定自体があいまい フリーで提供する競合他社が増えている 営業業務以外のタスクが多くてリソースが分散

※「営業目標を達成できなかったのはなぜか？」を考えている例

基本情報

　問題の原因を自分以外の「他者」に置くことを「他責」といいます。これに対し、問題の原因は「自分自身」にあるとするのが「自責」です。

　「自責思考」とは、自責を優先して考える思考です。例えば、顧客からクレームがあった場合に「上司や部下の対応に問題があったのではないか」と考えるのが他責思考、「自分の対応やフォローに問題があったのではないか」と考えるのが自責思考です。

　他責思考と自責思考は両方必要な考え方ですが、「自責を伴わない他責」には問題があります。なぜなら、自分以外に問題の原因があるとすることで思考停止してしまい、次のアクションが生まれないからです。「自分にできることは何だろう？」という問いを持って問題をとらえ、まずは部分的にでもよいので着実に状況を変えながら、問題全体の解決に取り組むことが大切です。

考え方

❶ [問題を書き出す]：解決したい問題を書き出します。

❷ [自分に起因するか否かで振り分ける]：書き出した問題の中で、自分自身にできたはずのことと、他者の行動やマクロ的な要素に起因するものに振り分けます。ここでは、自分でコントロールできる要因の有無と、その内容に着目することがポイントです。「競合の動き」「業界の構造」は自分ではすぐに変えられませんが、個別で見るとコントロールできる部分があるかもしれません。例えば訪問先企業のリサーチや、営業後のフォローのあり方は自分で変えられる部分が多くあるはずです。

❸ [自分にできることを考える]：自分に解決できそうな要因に対して解決策を考え、実行します。「自分に何ができるか」「自分はどのように貢献することができるか」「まず何から変えられるか」という問いを持って考えます。

❹ [協力を得て解決できることを考える]：自分にできることに取り組み、結果を出しつつ、「自分1人では解決できないが、他者の協力を得ることで解決できそうな問題」の解決策を考え、必要な人物に働きかけながら解決に取り組みます。

❺ [マクロ的な問題の解決策を考える]：自分自身で解決できる問題、自分たちで解決できる問題の解決に取り組みつつ、マクロ的な問題に目を向けます。業界そのものの問題構造を解決できないか、世の中全体の問題を解決できないかという具合に、自分ゴトとして考える範囲を広げていきます。

思考のヒント

変えられる場所から変えていく

自責思考のポイントは、自分に変えられる要素にまず集中することです。自分の担当している業務の内容や規模に合わせて、自分がまず変えることのできる点を見つけ出し、その点から全体の解決へと発展させます。一見、他者やマクロ的な要素が原因と考えられる問題でも、分解して自分にできることを探しましょう。

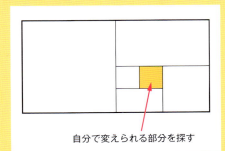

自分で変えられる部分を探す

43 ポジティブ思考

メリットや強みなど物事の積極的な面を重視する

ポジティブ要素	ネガティブ要素
新しい市場を獲得できる	失敗したら多額の設備投資がムダになる
メンバーにチャレンジ精神を育むことができる	既存の主力事業が手薄になる
売上を伸ばすことができる	メンバーには新規事業を開始する余力がない

※「新規事業を立ち上げるかどうか」を考えている例

基本情報

　物事にはポジティブな面とネガティブな面があります。そのうち、ポジティブな面を重視するのが「ポジティブ思考」です。何かアイデアがあったとして、リスクや手間ばかりに着目してあきらめるのではなく、得られるリターンに重きを置くのがポイントです。また、弱みばかりに気を取られて消極的な姿勢になるのではなく、強みを最大限に活かすことを先に考えます。

　ただし、ポジティブ思考は「ネガティブ＝悪」とするものではありません。ネガティブな要素からひたすら目を背けるのは、ただの向こう見ずです。ポジティブ要素もネガティブ要素もしっかりと把握したうえで、ポジティブ要素を活かす術を考え抜きます。

　人はネガティブな言動をしている人よりも、ポジティブな人のもとに集まってくるものです。人を巻き込みながら問題解決に挑むリーダーには特に必要な思考といえます。

考え方

❶ **[ポジティブな要素を可視化する]**：思考対象のポジティブな要素について考えます。「よい点」「メリット」「強み」「可能性」に着目し、積極的な姿勢で考えていきます。左ページの例では新規事業を立ち上げるかどうかについて考えており、「新しい市場を獲得できる」「メンバーにチャレンジ精神を育むことができる」といった要素に着目しています。

❷ **[ネガティブな要素を可視化する]**：ネガティブな要素が存在するかも考えます。「問題点」「デメリット」「弱み」「困難性」に着目し、不安な点を可視化します。

補足 加点法と減点法
ポジティブ要素を可視化するときには加点法、ネガティブ要素を可視化するときには減点法を用いると考えやすくなります。どちらか片方の要素に視点が偏りがちだと思ったら、加点法と減点法を両方使ってみてください。

❸ **[ポジティブな要素を活かす方法を考える]**：ポジティブな面とネガティブな面を把握したら、ポジティブな要素を最大限に活かす方法を考えます。「チャンスをどう活かすか？」「どうすればよりよい結果を得られるか？」のように、肯定的な問いを立てて考えます。

❹ **[ネガティブな要素をカバーする方法を考える]**：ネガティブな要素をカバーする方法を考えます。ポジティブ要素を大胆に活かすためには、ネガティブ要素のバックアップをしておくことが重要になります。

思考のヒント

ポジティブ思考とネガティブ思考

すでに触れているように、ネガティブ要素そのものは悪いものではありません。例えばリスクマネジメントの観点からいえば、ネガティブな面にしっかり目を向けられるのは重要な力です。風呂敷を広げるときはポジティブな視点、実行の段階で慎重さが必要になるときはネガティブな視点を意識するとよいでしょう。

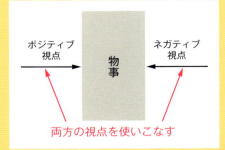

44 ABC理論

「ねばならない思考」を特定して思考・行動を整える

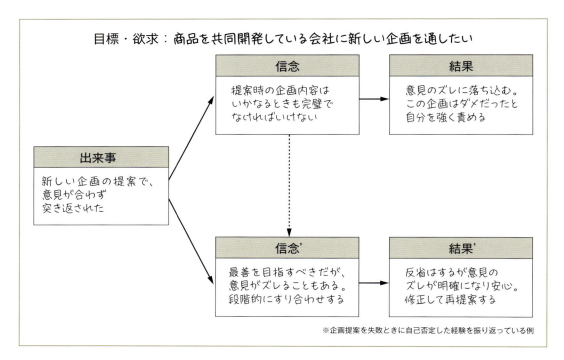

※企画提案を失敗ときに自己否定した経験を振り返っている例

基本情報

「ABC理論」は、出来事と結果の間には「信念」による解釈の違いが存在し、その違いによって結果が左右されるという理論です。アルバート・エリスによって提唱された論理療法の中心となる考え方で、「Activating Event（出来事）」「Belief（信念）」「Consequence（結果）」の3つの要素を総称してABC理論と呼ばれます。

同じ出来事に出合っても、人によって抱く感情や起こす行動が違うことがあり、その違いの背景には無意識の信念が影響していると考えます。非合理的に考えてしまっている「（何かをやら）ねばならない思考」を特定し、適切な感情と不適切な感情を見分けることで、行動や思考の修正を行います。自分自身、あるいはチームメンバーが過度な不安や恐れを感じているときや、必要以上に落ち込んでいるときに有効です。

考え方

❶ [**目標や欲求を書き出す**]：目標や欲求など、望むことや状態を書き出します。特に、成功や承認を得たいものに注目します。

❷ [**妨げとなる出来事を書き出す**]：❶の内容を目指すうえで妨げとなる出来事を書き出します。特に、失敗した出来事や他者から拒絶された出来事に注目します。

❸ [**結果を書き出す**]：妨げとなる出来事に出合った結果、どのような感情を抱いたか、どんな情緒的な変化が起きたか、どういった意思決定へとつながったかを書き出します。

❹ [**信念を言語化する**]：出来事と結果の間にある信念を言語化（意識化）します。信念とは、自分の信じる価値観、考え方、見方、認知、意味、哲学、態度などを指します。大きくいうと、物事の受け取り方や感じ方です。なお、自分1人で信念の言語化が難しい場合は、信頼できる人物に協力してもらいましょう。

❺ [**信念の適切さを確認する**]：意識化した信念の中で、必要以上に自分を否定していたり、悲観的すぎたりするものがないかチェックします。「ねばならない」「絶対に」のように「Must化」しているものや、過度な一般化による「べき論」を探しましょう。その信念が本当に正しいのか、そこまで義務的なものなのか、自分の幸福や仕事の能力に貢献するのかを問います。

❻ [**不適切な信念を更新する**]：自分を苦しめている信念を健全な信念へと上書きして更新します。

思考のヒント

「ねばならない思考」をリストアップしてみる

信念は多くの場合、無意識に働いており、すぐに意識化できるものばかりではありません。

感情や気持ちが動いたとき、意見が割れたとき、思考が混乱したとき、背景にどのような「ねばならない思考」があるかを日頃から言語化（例：右図）しておくと思考がはかどります。

- リーダーはあらゆる仕事を完璧にこなせなくてはならない
- アイデアはいつもユニークでなければならない
- 誰もが社会に貢献する大きな夢を持っていなければいけない

45 内観法
省みることで自分を知る

してもらったこと	して返せたこと	迷惑をかけたこと
新人時代は多くの仕事の仕方を教えてもらった	手となり足となり、様々なバックエンド業務をこなしてきた	ミスをしたときは取引先に頭を下げてもらった
プロジェクトのリーダーとして推薦してもらった		キャリアについて悩んでいて悶々としていた時期は気苦労をかけた
スランプにハマったときはご飯に連れていってくれたりした		自分のやりたいことが見つかったときは、業務の移行など多くの配慮をしてもらった
多くの人とつないでもらった		

※上司との関係を考えている例

基本情報

「内観法」とは自分の内面を観察し、自分を知るための手法です。浄土真宗の一派に伝わる精神修養法をもとにした考え方で、現在は心理療法の中で用いられる手法となっています。仕事仲間や上司など、身近な人物との関係に改めて目を向け、「してもらったこと」「して返せたこと」「迷惑をかけたこと」の3項目について振り返ります。

それらの項目について考える過程で、他者への罪の意識や感謝に目を向けます。すると、人間関係やコミュニケーションの問題に関して、自分にも省みる点があるという気づきが生まれ、その気づきや変化を問題の解決や関係性の改善へとつなげていきます。

静かな集中できる場所で1週間ほどかけて実施する方法もありますが、ここではその考え方を日々の振り返りや内省の中で活用することを目的とし、大まかな流れを紹介します。

考え方

❶ **[関わりのある人物を設定する]**：普段の仕事や生活の中で関わりのある人物を思い浮かべ、その中で関係性を改善したい人物や、抱えている問題に関わる人物を設定します。

❷ **[してもらったことを振り返る]**：❶の人からこれまでに「してもらったこと（お世話になったこと）」について考え、ノートやメモなどに書き出します。感謝の気持ちを思い返します。

❸ **[して返せたことを振り返る]**：してもらったこととは逆に、自分が相手に「して差し上げたこと（して返したこと）」について考えます。自分がどんなことで他者に貢献できているか考えてみましょう。

❹ **[迷惑をかけたことを振り返る]**：次に、相手に対して「迷惑をかけたこと」について考えます。大変な思いをさせてしまったこと、心配をかけたことなどに目を向けます。また、その際に相手はどのような気持ちになったかもあわせて考え、書き出します。その過程で、自分の行動や考え方にも問題はなかっただろうか、ある場合は何が問題だったかを考えていきます。

❺ **[変化や気づきに目を向ける]**：❷～❹の内観を行う中で生まれた、相手への気持ちや考え方の変化、自分の言動や考え方の変化、気づきに目を向けます。ここで得られた変化や気づきを、今後のコミュニケーションや関係構築で活かす方法を考えましょう。

思考のヒント

他者を許せるからこそ自分のことも許せる

他者に対する感謝の気持ちを持つことで、他者を受け入れ、許すことにつながります。それは自分を許すことにもつながります。

逆に他者の非ばかりに注目すると、自分のことも認めづらくなります。否定し合うよりも、認め合い、活かし合う道を考えることが重要です。

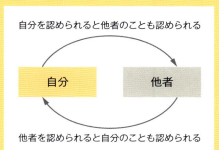

46 相対的思考
点ではなく線で考える

主張：のびのびと自由にさせることでスタッフは成長する

対象者	状況	アプローチ
田中さん	まだ基本的な技術も知識も不足している	まずは基礎学習の場が必要。基礎を固めてOJTに取り組んでもらう
木村さん	基本的な知識や技術はあるが経験値はまだ微妙なところ	いくつか任せてみたい仕事があるので、本人の意向も確認するためにヒアリング
須貝さん	知識・技術ともに習熟度が高い。加えてモチベーションも高い状態	ある程度自由に決裁権を与えて、プロジェクトをまかせてみる
遠藤さん	知識・技術ともに熟達レベル。若手育成にも興味がある様子	ある程度自由に動いてもらう。教育に携わりつつスキルUPを目指してもらう

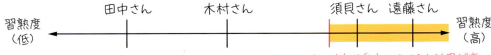

このレベル以上は自由にさせると効果が高い

基本情報

　相対的というのは、物事がほかとの関係や比較の中で存在する状態のことです。逆にほかと比較をせず、制約を受けない状態を絶対的であるといいます。仕事をしていくうえで意識しておきたいのは、おおよそたいていの物事は相対的であるということです。

　例えば、ある人にとってはビシビシ厳しく指導してもらった方がやる気が出るとしても、別の人にとっては負担になるかもしれません。仕事の仕方にしても、人との関わり方にしても、絶対的にこれが正解であるという答えは存在しません。一般的に正しいとされる理論や、過去の成功法則を絶対的に正しいとして当てはめようとすると、摩擦を生み出す恐れがあります。

　「相対的思考」とは、物事を相対的にとらえ、置かれた状況を考慮して発想や意思決定を行う思考法です。

考え方

❶ **[主張を書き出す]**：自分または他者によって主張されている考えを確認します。左ページの例の場合は、スタッフの育成方針に関する話し合いの場で「のびのびと自由にさせることでスタッフは成長する」という考えが出された場合の例です。

❷ **[すべての状況に当てはまるかを確認する]**：❶の主張がいかなる場合にもいえるのかを考えます。例の場合は「自由にさせるべき」というのがすべてのスタッフに当てはまるのかを考えるということです。対象者ごとに見ていくと、人によっては自由にさせるとよさそうな場合もあれば、自由さよりもまず指導が必要なスタッフもいることがわかるでしょう。

❸ **[考慮すべき変数を考える]**：主張が当てはまる場合とそうでない場合、何が違うのかを考えます。そして、違いの基準となっている変数を考えます。例の場合は、スタッフの「習熟度」を考慮する必要があることがわかりました。

❹ **[主張の位置づけを確認する]**：❸でピックアップした変数を軸としたとき、元の主張がどの程度の度合いに位置づけられるのかを確認します。「ある一定の習熟度に達しているスタッフは自由度を上げるべきだが、それ以下のレベルではそうでない」といった具合に、初期の主張の解像度が上がります。

❺ **[相対的に思考を磨く]**：状況を相対的にとらえたうえで、各個別の状況（ここでは対象者）に合わせた適切なアプローチを改めて考えます。

思考のヒント

「点の思考」と「線の思考」

思考を相対化するということは、「点の思考」を「線や面の思考」に拡張することといえます。点から線へ、線から面へ拡張することにより、アイデアをどんどん発展させることができます。また、物事には「中間」があると知ることで、他者の意見を受け入れやすくなります。

点で考える ／ 線や面で考える

47 抽象化思考

個別の物事を大きなまとまりで考える

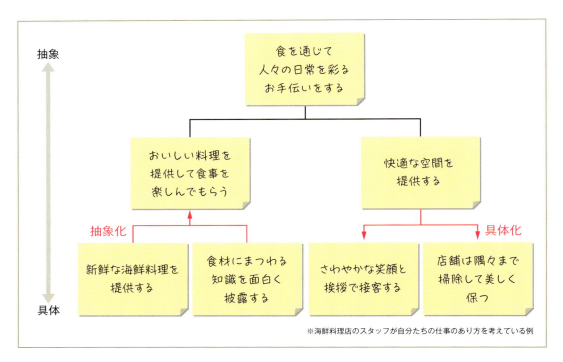

※海鮮料理店のスタッフが自分たちの仕事のあり方を考えている例

基本情報

　思考の軸として重要な要素に「具体と抽象」があります。「具体化思考」とは、物事の意味や様子を細分化してはっきり明確に考えていく思考です。思考対象を要素分解（参照→06）して細かく考えます。

　一方、ここで紹介する「抽象化思考」とは、個別でバラバラな物事の中から共通点を見つけ出し、より大きなまとまりで考える思考法です。分解より統合、部分集合よりも全体集合を考えます。

　仕事の中では、具体化思考と抽象化思考はセットで使うことが重要です。具体化思考は行動に直結する部分を考えることに強みがあります。抽象化思考は全体像と各部分の関係性を理解し、物事の本質的な部分を考える際に強みを発揮します。何を、なぜ考えるのかを考え、それを他者と共有するには抽象化思考が欠かせません。

考え方

❶ **[思考内容のリストアップ]**：いま具体的に考えている情報をリストアップします。例えば飲食店で仕事をしていて、「店舗の掃除」や「さわやかな接客」について考えているのであれば、その内容を書き出します。

❷ **[共通点を探して抽象化する]**：リストアップした情報の中にある共通点を探し、大きな意味でのまとまりを考えます。例えば上記の例の場合、「快適な空間の提供」という共通点が存在しています。このように掃除や接客から「快適な空間の提供」という大きなまとまりへ、そのまたさらに大きなまとまりの「食を通じて人々の日常を彩るお手伝い」へと、高いレベルで考えていくのが抽象化思考です。

> **例 思考の切り口**
> 共通点を考えるのに詰まる場合は、物事の間に共通して存在する「特徴」「属性」「意味」に着目したり、「そもそもこれらの要素を考える目的って何だっけ？」といった切り口で、リストアップした要素を一段高い視点から見比べてみます。

❸ **[階層を整理する]**：抽象度（まとまりの大きさ）を整理し、全体と部分がわかるよう階層化します（左ページの図参照）。特に、複数人で1つのことを考えたり議論したりする際、考えている階層がズレていると話が噛み合わないため、すり合わせることが重要です。

❹ **[全体を見て欠けている点を補う]**：階層を整理して抽象度の高い視点から全体を見てみて、思考が足りていない部分がある場合は、逆に掘り下げて（具体化して）考えます。

思考のヒント

単に抽象的であるのと抽象化できるのは違う

ここでは抽象化思考のメリットや活用法を紹介しましたが、具体を伴わない「単に抽象的なだけの状態」は思考があいまいなだけで、行動につながらないため注意が必要です。

具体的な情報、抽象的な情報がそれぞれひもづき、具体と抽象を行き来できる状態を目指しましょう。

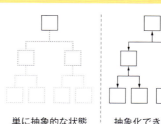

単に抽象的な状態（あいまい）／抽象化できる状態（全体像が明確）

第4章のエクササイズ ❶

　第4章では、プロジェクトの推進というテーマのもと、改善の思考について触れました。ここでは、改善思考の代表的なフレームワーク「PDCA」を取り上げ、日々の業務の中で活用するイメージをもう少し掘り下げていきます。1つのプロジェクト単位での振り返りや、日報単位での振り返りなど、自身の状況に当てはめて活用してみてください。

チェックシートを用いてPDCAの内容を書き出す

　PDCAサイクルは「計画（P）→実行／結果（D）→評価（C）→改善（A）」という4つのプロセスからなります。

　問題解決の現場でたびたび目にするのが、P→D→C→Aそれぞれの「プロセス単位」での流れは意識できているものの、PDCA→次のPDCA→そのまた次のPDCAといった「サイクル単位」での連続性が見落とされている状態です。

　この状態では、せっかく振り返りをして問題点を見つけても、また同じことを繰り返してしまいます。2周目のサイクルへと進んでいく際には、1周目のサイクルで言語化した内容をきちんと確認しておくことが大切です。

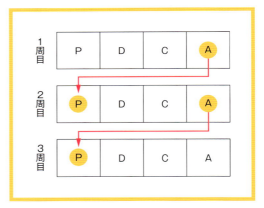

ACTIONを考えるときの解像度を高める

　PDCAサイクルにおけるA→Pへの接続を考える際に意識しておきたいポイントを2つ挙げます。1つは改善策の内容を「具体的に考える」、もう1つは「改善策のメリットを考える」です。

　改善策の内容があいまいだったり、根性論のような状態では、次に活かすのが難しくなります。行動内容や意思決定の基準など、具体的に何を変えるのかまで考えます。

　2つ目の「改善策のメリットを考える」とは、改善策に対する「Why」を問う作業となります。その改善策を用いる理由はもちろん、ほかにどんな方法があるかまで考えましょう。複数の選択肢から選ぶことで、「腹落ち度」が高まり、次の計画立案の際に有効活用しやすくなります。

1周目のPDCAサイクルを回してみよう

例として、自社で運営しているWebメディアの改善を考えてみます。記事数重視の制作体制で内容が薄くなっている点を改善すべく、質を高める方法を検討し、実行しています。

PLAN	DO	CHECK	ACTION
記事数の多さ重視で展開しているWebメディアについて、質重視にシフトさせる。新規記事数を半分にし、PV数は維持する	記事1本あたりの文字数を増やす。それにより内容を濃く。結果、記事数は半分なのに、PV数は1.4倍まで上昇した	内容が濃くなったぶん、記事1本あたりのSNSでのシェア数、関連記事への遷移数が上昇したのがよかった	記事の質はこの調子で磨きつつ、SNSでシェアされる仕掛けや、関連記事へのリンク設計を意識的に行う

1周目を踏まえて2周目のサイクルを回してみよう

1周目のサイクルを確認し、次なる仮説を立ててよりよい成果の獲得を目指します。1周目のACTIONで書き出した内容をさらに掘り下げ、2周目のPLANを練りましょう。

PLAN	DO	CHECK	ACTION
SNSシェアボタンを目立つデザインに修正。関連記事や主要キーワードへの文字リンク挿入を行う。PV数＋10％を目標とする	SNSボタンのデザイン変更、遷移用リンクの調整を実施。PV数は＋6％にとどまった	遷移用リンクの調整は効果があったので継続する。SNSのシェア施策についてはデザインによる効果は出ておらず改善が必要	SNSのシェアについては、シェアしたくなるタイトルのつけ方とアイキャッチ画像の仕様を変更する

第4章のエクササイズ❷

続いて、「目標」について触れていきたいと思います。PDCAでいえばP（計画）の段階で考えるものであり、プロジェクトの運営には欠かせないものになります。

「状態目標」「行動目標」「学習目標」を設定する

プロジェクトの運営や仕事を進めていくにあたり「目標」の設定は欠かせません。ここでは、目標をさらに「状態目標」「行動目標」「学習目標」の3つに分けて考えてみたいと思います。

状態目標とは、どのような状態になりたいか、理想的な状態を考えるものです。例えば「月の売上1,000万円」「自社商品の業界内シェアNo.1」などが挙げられます。

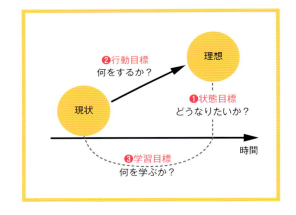

行動目標とは、理想の状態を実現するための行動を考えるものです。例えば「月の売上1,000万円」という状態目標があるとして、「新規営業を月に10件増やす」「販促用のランディングページをつくって広告を出す」など、具体的に何をするかを考えます。

学習目標とは、行動の過程で何を学ぶかについて考えるものです。例えば「販促用のランディングページをつくって広告を出す」という行動の過程で、「人の心に響く文章の書き方を学ぶ」「短いスパンで改善サイクルを回すコツを学ぶ」といったことです。

ビジネス上の指標だけでなく、学習指標も大切にする

一般的に仕事の中で掲げられる目標は、状態目標と行動目標の2つではないでしょうか。目的の達成には、これら2つの目標は必要不可欠であるといっても過言ではありません。

ただし、新しいことに挑戦し、より高い効率や生産性を目指すためには、行動の主体である自分たちの成長が必要となります。学習目標を設定することによって、意識的に学び、成長をうながすことができるでしょう。

チームの目標を考えてみよう

　プロジェクトをスタートさせる際の、チーム全体としての目標を考えてみましょう。下記は、他社とのコラボ商品の企画を立ち上げようとしているプロジェクトチームの例です。

状態目標	・年間で売上1,000万円アップを目指す ・客数を増やす（新規客数 昨対10%以上アップ）
行動目標	・コラボ商品を開発する ・これまで取扱いのない1,000店以上へ営業を行う
学習目標	・他社と共同で商品開発をする方法を学ぶ ・プロジェクト運営のノウハウを学ぶ

自分個人の目標を考えてみよう

　組織としての目標に加えて、個人の目標も設定します。チームに対して自分がどう貢献するのかを考えましょう。そしてその過程で、自分は何を学びたいかを考えます。

状態目標	・コラボ商品の販売先を新しく10店以上獲得している
行動目標	・新たに100店以上へ営業 ・100人以上のユーザーにヒアリングを行う
学習目標	・商品の魅力を伝えるトーク力を磨く ・話しやすい場づくりのポイントを学ぶ

第4章／プロジェクトの推進力を高める

第4章のエクササイズ ❸

　PDCAサイクルを回して業務を改善するプロセス、プロジェクトの実践を通した学習のプロセスには、振り返りが欠かせません。第4章のエクササイズのラストとして、振り返りの手法を1つ紹介します。

KPTで日々を振り返る

「KPT（ケプト）」とは、「継続すること（Keep）」「改善すること（Problem）」「新たに取り組むこと（Try）」の3つの項目で、仕事の状況や結果を振り返る手法です。振り返りの場が単なる感想の共有や、個人攻撃の場になってしまわないよう、思考の枠組みを設定できる点が魅力です。活用の流れは下記の3ステップ、フォーマットのイメージは右ページの図のようになります。取り組んでいる業務やプロジェクト、活動をテーマに設定し、取り組んでみてください。

❶ 継続すること（よかった点）を書き出す
❷ 改善すること（問題点）を書き出す
❸ 新たに取り組むこと（解決策）を書き出す

　なお、KPTの各項目をチェックする際、下記のような視点を意識すると考えやすくなります。

ステップ①	Keep 継続すること	活動の中で何に達成感があったか？ 何に喜びや満足を感じたか？
		自分の行動でうまくいったことはあったか？ それはなぜうまくいったのか？
		自分以外の人の行動でよかったと思うことはあったか？ それはなぜよかったのか？
ステップ②	Problem 改善すること	失敗したことや目標の達成を妨げたことはあったか？
		活動中に困ったことや悩んだこと、我慢して辛かったことはあったか？
		このメンバーなら本来もっとできたはずだと思うことはあるか？
ステップ③	Try 新たに 取り組むこと	Keepで書き出した内容をより効果的に実行するにはどうすればよいか？
		Problemで書き出した内容を解決するにはどうすればよいか？
		次なる目標設定やスケジュールのイメージは？

KPTで振り返ってみよう

　KPTの基本フォーマットは、下図のように3つの枠で考えます。左側に「継続すること」と「改善すること」を書き出し、それらを見ながら「新たに取り組むこと」を右側で考えるという要領です。下図は商店街活性化プロジェクトの中でアイデアソンを実施した際のKPTです。

Keep　継続すること	Try　新たに取り組むこと
・目標の動員数を上回る人を呼び込むことができた ・私たちの活動意義を多くの人に理解してもらえた ・広報の岸田さんの発信内容が共感を呼んでいた ・当日のプログラムの構成が優秀でアイデアもよく出た ・プロジェクトのロゴやイラストに対する評判がよい	・今後は情報共有のツールと方法を統一する。コミュニケーションはSlack、データの管理場所はGoogleドライブ、タスクの一覧はTrelloへ。毎週水曜日に週次レビューを行う ・現場の課題を掘り下げ、商店街の人たちの顔が見える情報発信を行う ・専門用語やカタカナ語は相手からの見え方を考えて最低限に抑える ・活動の意義や背景をもっとわかりやすくできるようWebページを更新する。メールアドレスの登録もできるように ・行政への報連相を強化する
Problem　改善すること	
・専門用語が多くて意味がわからない箇所があった ・進捗の共有が不十分で不安なときが多かった ・行政の巻き込みは少し弱かったと思う ・活動に興味がある人のデータベースを取得できていない（メールアドレスなど）	

こまめに振り返るクセをつける

　KPTは個人にも組織にも有効です。ただし、長い期間の振り返りを一気にしようとすると、数字的なデータしか残っておらず、具体的な問題点を考えるのが難しくなります。そこで、ノートでも日報でもよいので日々細かく、簡単にでも振り返りを行っておくことが重要です。1日10分でも5分でも構いません。その日のKPTを考える時間を確保して、振り返りの素材を蓄積していきましょう。

コラム 「Yes, And」で考える

　複数人で1つの物事を考える際に大切にしたいマインドセットに、「Yes, And」の考え方があります。これは、他者のアイデアを「No」と否定して切り捨ててしまうのではなく、まずは「Yes」と肯定して受け入れ、思考や対話を発展させていくことを重視する考え方です。

否定による切り捨てではなく、肯定によるすくい上げを

　アイデアを出し合うとき、せっかく考えたアイデアを否定され続けると、積極的にアイデアや意見を出すのをためらってしまうような雰囲気になることがあります。

　そこで、否定よりもまず肯定から入ることでアイデアを出しやすくし、それから質を高め合っていこうとするマインドセットが「Yes, And」の考え方です。

自分の考えを乗せて返す

　具体的には、まず他者のアイデアを「Yes!（いいね）」のスタンスで受け入れます。この段階では、具体性が欠けていたり有効性が低いと感じたとしても、ひとまずアイデアの種として受け入れることが重要です。そして次に「And……（さらによくするには）」という視点で、自分の考えを乗せて返します。

　このようにして、誰かがアイデアを出し、それに対して「Yes, And」で考えを上乗せする。その上乗せされたアイデアに対して、また「Yes, And」を繰り返していく。双方向で建設的な思考といえます。

誰かの持っている「1」に小さな「0.1」を乗せてバトンをつなぐ

　「Yes, And」の考え方は、誰かの持っているアイデアや意見などの「1」があったとき、それを尊重し、自分の考えを「0.1」上乗せして「1.1」で次につなぐ思考ともいえるものです。思考は1人だけで行うものではありません。ともに考える仲間の存在は、何にも代えがたい大切なものです。人の声をよく聴き、背景に目を向け、よりよくすることを考えてつなぐ。そんな循環、思考のつながりを大切にしてほしいと思います。

第5章 分析力を高める

- (48) 仮説思考
- (49) 論点思考
- (50) フレームワーク思考
- (51) ボトルネック分析
- (52) ファネル分析
- (53) 相関分析
- (54) 回帰分析
- (55) 時系列分析
- (56) Why思考（原因分析）
- (57) 因果関係分析
- (58) 因果ループ
- (59) システム思考
- (60) KJ法

分析力を高める

第5章では、情報収集や仮説検証など、分析を行う際に参考にしたい思考法を紹介します。情報をどうとらえるかを常に意識しながら、本章で紹介する思考法のエッセンスを取り込んでみてください。

意思決定には分析力が必要

分析とは、分解・比較によって物事の構成を理解し、意思決定のための素材を見つけることです。例えば、新しい市場に参入するかどうかを検討する際、いきなり意思決定してしまっては博打と変わりません。市場は伸びているのか縮小傾向にあるのか、その背景にはどんな要因があるのか、自社の強みと相性はよいのかなど、いろいろな分析をする必要があります。本章ではこのような、意思決定に必要な情報を集める際に知っておくと思考が進む方法を紹介します。

目的と仮説を持って分析に取り組む

分析をする際も、まず目的を定める必要があります。例えば「売上が低下している原因を特定して、対策をしたい」といった目的はよくあるでしょう。

そして、目的にもとづいて何を分析するかを決めるためには、仮説を立てることがポイントとなります。仮説とは、問いに対する仮の答えです。「おそらく、こういうことがいえるのではないか」という仮の結論を用意して、それが確かなのかを検証します。なぜ仮説が重要になるかというと、膨大に存在する調査・分析項目に対して、優先度を決定するためです。

例えば売上が低下している原因を分析しようとするとき、自社に存在するデータを端から見ていこうとするのではなく、「おそらく営業時間を縮小したことが要因ではないか」「新商品の開発頻度が落ちていることが原因かもしれない」といった仮説を立てます。そして、立てた仮説を中心に情報収集を進めることで、分析の効率を高めます。本章では始めに論点思考、仮説思考、フレームワーク思考を紹介します。分析の目的と対象を検討するときの考え方、そして具体的な分析手法を身につけましょう。

分析の基本となる「分解」と「比較」

問題発見や課題設定、戦略立案、コミュニケーションなどあらゆる場面での分析において、対象を「分解」するのはとても重要です。分解して部分ごとに考えたり、部分と部分を比較してみたりすることで、有効な判断材料を得ることができます。

例えば「売上を増やす」という大きなテーマも、商品について、販促方法について、価格設定についてなど、考えるべき領域を小分けにするのが「分解の思考」です。一方、昨年と現在の状況を比べたり、自社と競合を比べたりする「比較の思考」も有益です。これらの考え方を用いることによって、問題解決における各プロセスの解像度を高めていきます。

何を分解するかを考えるにあたっては、本章の内容に加え、第1章で取り上げた「要素分解」の考え方も参考になるので、あわせてチェックしてみてください。

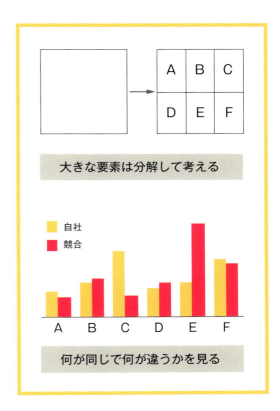

大きな要素は分解して考える

何が同じで何が違うかを見る

物事の間にある関係に目を向けよう

情報やデータを扱うにあたっては、物事と物事の間にどんな関係があるかを把握することが重要です。関係を表す概念の代表的なものに「相関関係」や「因果関係」があります。一方の変量が増加すればもう一方も増加する、あるいは一方が増加すればもう一方が減少する関係のことを相関関係といいます。さらにその中でも、一方が原因、もう一方が結果という関係になっているものを因果関係といいます。

本書では様々な切り口から問題について考えてきましたが、「問題」はなんらかの原因による「結果」です。問題の原因を的確にとらえ、正しい手を打つために、因果関係の理解力を高めていきましょう。

48 仮説思考

仮説検証を繰り返しながら結論の質を高める

Q. 店舗改装後、売上が伸びていない。わが社が着目すべき重要な問題点は何だろうか？

仮説を考える

- **初期の仮説**: 売上が横ばいになっている。データを見る限り、「広告の効果が落ちている」のが問題ではないか
- **進化した仮説**: 昔からのお客様は改装前の雰囲気が好きで、改装後離脱していると考えられる
- **さらに進化した仮説**: 気軽に友人を誘える雰囲気が減ったのが問題。イベント内容を見直すべき

→ 仮説を磨く

実行・検証する

- **検証結果**: 調べてみると、もともと広告からの誘客は少ない。どちらかといえば既存客からの紹介数が落ちているのが目立つ
- **検証結果**: 既存客数自体は横ばい。聞いてみると、店舗が上品になったことでイベントの敷居が上がり、友人を誘いづらくなっている

基本情報

「仮説思考」とは、問いに対する仮の答えである「仮説」を立て、その仮説が正しいかどうかを検証しながら、結論の質を高めていく思考法です。限られた時間の中で、問題解決のスピードを高められる点が魅力です。

仮説思考では、物事を考えるにあたり「情報をすべて網羅してから結論を出す」ということはしません。まず手元にある情報や比較的入手しやすい情報から「仮に結論を出す」ことを重視します。仮の結論があることで全体の見通しが立ち、的を絞ったうえで、必要な情報の収集や分析を行うことができるようになります。

なお、仮説思考は「問題を発見する（結論＝解くべき問題）」「解決策を考える（結論＝解決策）」のどちらの場合でも活用可能ですが、ここでは問題を発見するために活用することを前提に説明しています。

考え方

❶ **[仮説を立てる]**：考えるべきテーマに対する自分なりの仮説を立てます。「売上が伸びていない」という状況だとすると、いま手元にある情報や過去の経験から「おそらくこういう点が問題だろう」という仮説を用意します。左ページの例では「広告の効果が落ちている」という仮説をまず考えています。

補足　仮説とは

仮説とは、問題解決の場面においては「仮の答え（仮の結論）」を意味します。どんな仮説を立てるか迷ったときは、観察できる事実に対して「なぜ？」と問いかけ、「その状況が起きる理由を説明してみる」つもりで考えます。仮説を深掘りする方法については、Why思考（参照→56）やアブダクション（参照→05）も活用できます。

❷ **[仮説を検証する]**：必要な情報を追加調査し、仮説の正しさを検証していきます。方法としては、顧客データのチェック、テスト施策の実施、インタビュー、アンケート、行動の観察などがあります。具体的には、テスト用の商品や施策の反応を見たり、顧客や周囲の人にヒアリングして仮説と事実のズレを可視化します。検証する仮説の規模や必要なコストを考慮し、ベストな検証方法を選択しましょう。

❸ **[仮説を進化させる]**：得られた検証結果から、次の仮説（進化した仮説）を立てます。実際に検証した結果、「広告効果」は問題ではなく「他人に紹介しにくい」ことがネックになっているとわかったら、そこを中心に深掘りして考えます。以降、「❶仮説→❷検証→❸仮説の進化」というサイクルを回し、最終的な結論（ここでは解決すべき問題）を導き出します。

思考のヒント

試行錯誤で最適解を目指す

仮説思考を実践するためには、「100％正しい答えを最初に出すことはできない」という前提を持っておくことが重要です。時間をかけて入念に情報収集・分析するのではなく、一定の期間で仮説検証の数を増やすことや、動きながら検証の精度を高めていくことが必要になります。

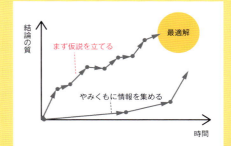

49 論点思考
正しい問い（論点）を考える

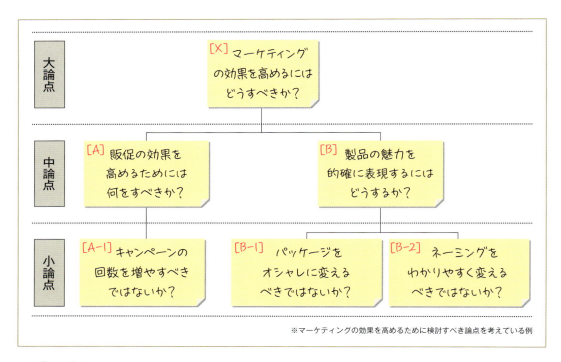

※マーケティングの効果を高めるために検討すべき論点を考えている例

基本情報

　様々な問題が存在する中で「本当に解決すべき問題（とそれを解決するために取り組むべき課題）」を「論点」と呼び、論点を特定していく思考を「論点思考」といいます。いかに高度な解決策を立案したとしても、そもそもの問題設定が間違っていると、せっかくの努力が水の泡となってしまいます。

　例えばマーケティングの効果を高めるために「どう販促方法を変えるか？」という論点で考えるのと、「製品の魅力を的確に表現するにはどうするか？」を考えるのとでは、上位目的は同じでもアプローチがまったく異なります。行動することは大切ですが、「あれもこれも」では何も成し遂げることができないというのもまた事実。論点思考を用いて、本当に考えるべき論点（解決すべき問題）を考え、問題解決の精度を高めましょう。

考え方

❶ **[思い当たる論点を書き出す]**：重要な論点を見つけ出す最初のステップは、考えられる論点をリストアップして「見える化」することです。日々の業務の中で意識しておきたいのは「まず与えられた論点を疑う」ということです。何か論点に出合ったとき、やみくもに具体策を考えるのではなく「本当にそれは解くべき問題か？」と問いかけることが重要です。

❷ **[論点を絞り込んで確定する]**：書き出した論点の中から、実際に考えるものを絞り込んでいきます。論点をチェックするときの観点は3つあります。1つ目は、論点として挙げた問題は解決できるかどうか。明らかに実現不可能な論点については、この段階で省きます。2つ目は、解決策を実行できる技術や資源、体制を構築可能かどうか。1つ目と同じく、解決策を実行するのが不可能であれば、いくら考えても最終的な成果は出ません。3つ目は成果の大きさです。解決することで得られる効果が大きいものほど重要な論点となります。

❸ **[論点を整理する]**：論点が明確になってきたら、左ページの図のようにイシューツリーとして整理して可視化します。これは、論点の大きさをツリー状に整理したものです。例えば、[A-1]の論点に向き合っていたとして、その上の論点である[A]が間違っていたとすると、どれだけ考えても問題は解決できません。その場合は、より上位の論点である[X]に立ち返り、同時に[B]についても考えてみる必要があるでしょう。このように全体像を把握したうえで、論点を検証しブラッシュアップを行います。

思考のヒント

どう解くかよりも前に、何を解くか

本当にそれは解くべき問題なのか。この問いを頭の中に置いておくことは、問題解決の思考力を高めるうえで非常に重要なので、繰り返し触れておきます。どう解くか（How）を考える前にまず、何を解くのか（What）と、なぜその問題を解くのか（Why）を一度考え、いま取り組むべき問題を探してみましょう。

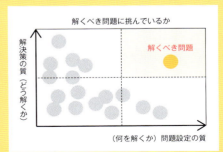

50 フレームワーク思考

思考の「型」を活用して効率的に考える

	自社	競合A	競合B	競合C
製品 Product	アクセス数やキーワードの配置を抽出できる	自社製品より機能は簡素。キーワード抽出のみ	キーワードのレコメンド、マップ作成機能が優秀	競合サイトの順位自動追跡機能に特化している
価格 Price	買い切りの100,000円で販売	買い切りの9,800円で販売	1,980円/月の月額課金制で販売	500円/月の月額課金制で販売
流通 Place	公式サイトでの販売のみ	公式サイトでの販売のみ	公式サイトに加え代理店販売にも注力している	公式サイトでの販売のみ
販売促進 Promotion	Web広告に加えオウンドメディアにも注力している	Web広告に加えユーザー会を積極的に実施している	Web広告に加えアナログイベントも積極的に展開	開発者らのブログから宣伝している程度

※Webサイトの分析ツール・サービスの競合分析をしている例

基本情報

　フレームワークとは問題解決を行うための思考の枠組みです。先人たちが試行錯誤の中で蓄積してきた成功の「型」ともいえます。そして、フレームワークを用いて効率的な思考を行うのが「フレームワーク思考」です。問題発見や課題設定の場面はもちろん、分析やアイデア発想、戦略・戦術の立案など、あらゆる場面で活躍します。

　フレームワークの具体例を挙げると、製品・価格・流通・販売促進について考えるマーケティングの「4P」や、自社・顧客・競合について考える環境分析の「3C」などがあり、目的に応じて数多のフレームワークが存在しています。フレームワークを用いるメリットはいくつもありますが、考えるべき全体像とその構成要素がわかるという点が、問題発見や分析における大きな利点です。目的に応じ「全体観」を持って、集めるべき情報を収集・分析できるのです。

50 フレームワーク思考

考え方

❶ **[使用するフレームワークを決める]**：目的に応じて、使用するフレームワークを選定します。左ページの例では「競合のマーケティング施策を調査し、自社のマーケティング施策を改善すること」を目的として、4Pというフレームワークを選定しています。下記は調査・分析に使えるフレームワークの例です。

例　調査・分析に使えるフレームワーク

PEST分析	政治・経済・社会・技術の切り口で事業に影響を与える要因を分析する
ファイブフォース分析	5つの要因から業界の競争構造を理解・分析する
パレート分析	累積量と比率の関係を分析することで資源の投下先を検討する
バリューチェーン分析	製品の製造から提供までの工程を分割して分析する

※上記のフレームワークについては本書の巻末特典でも紹介しています

❷ **[情報を整理して思考を進める]**：フレームワークにもとづいて情報を収集し、思考していきます。目的に沿って、何らかの意思決定や判断、アイデアの創出を行います。例えば分析の結果、流通に改善の余地があるとわかれば、流通戦略を見直します。

❸ **[フレームワークへの理解を深める]**：使用したフレームワークの使い方が正しかったかどうかを振り返り、フレームワークへの理解を深めます。

思考のヒント

仮説形成で使うか検証で使うか

フレームワークは、考えるべきポイントを見極める「仮説形成」的な活用ができます。また、ある程度自力で考えてみてから、一般的には他にどんな点を考えるべきかを知るための「検証」的な活用も可能です。フレームワークに振り回されずに思考力を強化するためには、双方の使い方をできることが重要です。

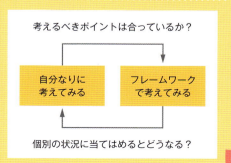

51 ボトルネック分析

システム全体の進行を停滞させる重要なポイントを突き止める

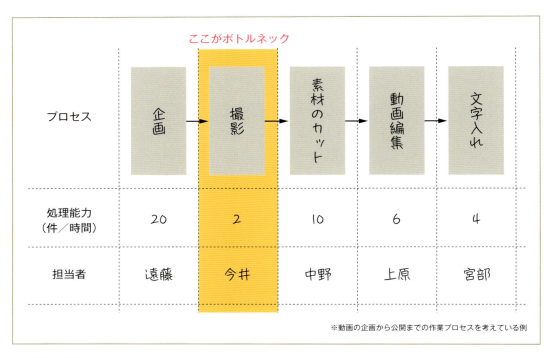

※動画の企画から公開までの作業プロセスを考えている例

基本情報

「ボトルネック」とは、複数の工程からなるシステムにおいて、全体の生産性を決定づけてしまうスピードの遅い工程を意味します。

右図のような瓶があり、上から下に向かって水を流す場面をイメージしてみましょう。このとき、ボトルネック（b）が最終的な水の流量を決めており、流量を増やしたいのであればaの部分を大きくしても意味がなく、bを大きくする必要があります。このようなボトルネックにあたる部分を特定して改善することで、業務の生産性を高めます。

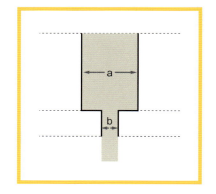

考え方

❶ **[プロセスを可視化する]**：業務の全体像と各プロセスを可視化します。左ページの例では動画の企画から撮影、素材の加工、編集、文字入れを行って公開するという作業をチームで役割分担しており、そのプロセスを整理しています。

❷ **[処理能力を可視化する]**：次に各プロセスにおける処理能力を可視化します。処理能力を考える際には、単位時間あたりどれだけの処理を実行できるかを考えます。例の場合、各工程において「1時間あたり何件分の処理を実行できるか」を考えているため、単位は「件／時間」となります。

❸ **[ボトルネックを特定する]**：各プロセスの処理能力を可視化できたら、ボトルネックとなっているプロセスを特定します。例の場合は「撮影」のプロセスが2（件／時間）となっており、全体の生産量を決定づけています。つまりこの部分がボトルネックにあたります。

❹ **[原因を分析する]**：特定したボトルネックの処理能力が低い原因を考えます。担当者のスキル不足、設備の不足、資源配分のバランスなど、原因によって解決方法が異なるためです。

❺ **[ボトルネックを解消する方法を考える]**：ボトルネックの解消方法を考えます。例でいえば、「撮影」プロセスの処理能力を高める方法を考えるということです。撮影部分の処理能力を2倍の4（件／時間）に増やすことができれば、全体の生産性も2倍になります。担当者のスキルの問題であれば、今井さんの仕事の仕方を見直します。資源配分の問題であるなら、企画を担当している遠藤さんが撮影を手伝うといった選択肢も考えられるでしょう。

思考のヒント

非ボトルネックに資源を割いても成果は出ない

ボトルネック以外のプロセスを「非ボトルネック」と呼びます。ボトルネックを放置したままで非ボトルネックに資源を割いても、最終的に得られる成果は変わりません。例えば「企画のストック数を増やすべきだ」と意気込んでも、撮影のスピードが上がらなければ成果は変わらないことを頭に置いておくことが重要です。

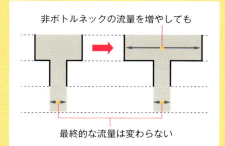

52 ファネル分析

プロセス間の目減り率を可視化して改善策を考える

ファネルのイメージ

プロセスを経るごとに数が減っていく

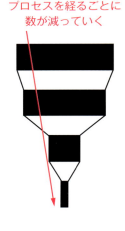

プロセス	指標	結果	割合	目標値
Webサイト（認知）	Webサイトの月間訪問者数	13,450人	100%	100%
情報チェック（調査）	商品紹介ページの訪問者数	11,298人	84%	75%
買い物カゴ（比較検討）	買い物カゴに商品を入れた利用者数	4,304人	32%	50%
購入（行動）	購入者数	942人	7%	25%

※グッズ販売ECサイト運営者がファネル分析の考え方を用いて情報を整理している例

基本情報

「ファネル分析」とは、マーケティングやセールスにおいて、顧客の行動プロセスを分解し、プロセス間の目減り率を分析する手法です。分析結果のグラフが漏斗（英語で「ファネル」という）の形になることから、ファネル分析と呼ばれます。

例えば、商品の認知から購買までのプロセスにおいて、顧客がどの段階までどの程度の割合で進んでいるか、といった状況を可視化するために活用されます。どの段階の移行率に問題があり、そこに改善の可能性があるかどうかを見極めやすくなるという魅力があります。

顧客の誰もが認知から購買まで進むわけではなく、一定の割合で離脱していくものです。それを踏まえたうえで戦略や施策を設計する必要があるのです。

考え方

❶ [**プロセスを設定する**]：分析したいプロセスを設定します。どこからどこまでを分析するかという始点と終点の設定、そしてその区間をどのような小プロセスで分割するかを考えます。左ページの例では「Webサイト訪問」から「購入」までを考えています。

❷ [**データを収集して可視化する**]：小プロセスに関するデータを収集します。例では計測する指標を設定したうえで、結果と割合を計測しています。ここでいう割合とは、最初のプロセスに対する各プロセスへの移行率を表します。例の場合でいえば、「買い物カゴ」のプロセスまで進んだ人は13,450人のうち32%の4,304人である、というように見ていきます。

❸ [**改善ポイントを抽出する**]：整理した情報を見て、現状の問題や改善点がどこにあるのかを考えます。このとき、数値部分をグラフ化すると状況を把握しやすくなります。どのプロセスから移行するときに問題があるのか、またそれはなぜかを考えるのが基本です。各プロセスに進んでほしい割合の目標を事前に設定しておくと、問題点や改善点を導くヒント（目安）になるでしょう。また、プロセス間の移行率に問題がなくスムーズに進んでいる場合は、最初のプロセスの数値を高める方法を考えます。そして改善策となるアクションを具体的に設計し、実行します。

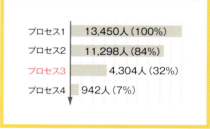

思考のヒント

購買行動モデルと組み合わせる

ファネル分析はマーケティングやセールスの場面で用いられる、「購買行動モデル」との相性が抜群です。これは、顧客が購買に至るまでのプロセスを整理したものです。「AIDMA」や「AISAS」など、代表的な購買行動モデルを知っておくと、ファネル分析をもっと活用できるようになります。

AIDMA	AISAS
Attention（認知）	Attention（認知）
Interest（興味関心）	Interest（興味関心）
Desire（欲求）	Search（調査）
Memory（記憶）	Action（行動）
Action（行動）	Share（共有）

※AISASは株式会社電通の登録商標です

53 相関分析
2つの変量の間にある相関関係を考える

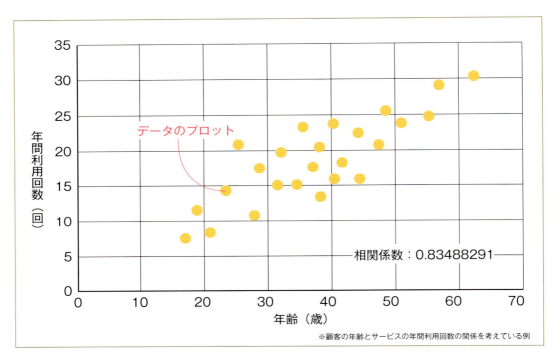

※顧客の年齢とサービスの年間利用回数の関係を考えている例

 基本情報

　2つのデータ（変量）において、一方が増加するにしたがって、もう一方も増加または減少する関係性を相関関係といいます。例えば「気温とアイスクリームの売れ行き」「サービスの受注数と売上高」のような関係は、相関関係の代表的な例といえます。相関関係をとらえることは、データの特徴を的確につかむには欠かせないスキルであり、また、因果を考えていくうえでも必須となるプロセスです。

　相関関係があるかどうか、どのくらい強い相関があるかを考察することを「相関分析」といい、これを行うためのツールの1つに「散布図」があります。散布図は、2つのデータの間にある相関の有無と強弱を視覚的にとらえる手法で、Excelで作成することもできます。ここでは散布図を用いた基本的な相関の見方を紹介します。

考え方

❶ **[データを集めてプロットする]**：散布図の作成に用いる2つの変量についてデータを収集します。それぞれの変量を軸とする2次元平面を用意し、収集したデータをプロット（グラフ上に書き込むこと）していきます。Excelでは「散布図」の機能を使って作成可能です。

❷ **[関係性を考察する]**：2つの変量の間に相関関係があるかどうかをチェックします。一方の変量が増加すればもう一方も増加する関係は「正の相関関係」といい、一方が増加すればもう一方が低下する関係は「負の相関関係」といいます。左ページの例は正の相関関係です。なお、相関を持たない場合は「無相関（相関なし）」といいます。さらに、相関には正・負の他に、強・弱もあります。相関が強いと散布図は直線に近い形になります。

補足　相関係数Rについて

相関の有無や強弱を可視化するための指標として、相関係数Rという指標が用いられます。Rが1に近づくほど強い正の相関、−1に近づくほど強い負の相関であることを意味します。ここでは相関係数の算出方法は割愛しますが、相関性の目安となる指標があることは知っておきましょう。ちなみにExcelではCORREL関数を用いて算出することが可能です。

相関係数Rの値と相関性の目安

値	相関性
−1〜−0.7	強い負の相関
−0.7〜−0.5	負の相関
−0.5〜0.5	相関なし
0.5〜0.7	正の相関
0.7〜1	強い正の相関

出典：『「それ、根拠あるの？」と言わせない データ・統計分析ができる本』（柏木吉基著、日本実業出版社）

思考のヒント

正の相関と負の相関

相関には正の相関と負の相関があると述べました。負の相関の例としては、駅からの距離と家賃の関係などが代表例です。駅からの距離が遠くなるほど、家賃は低くなる傾向にあります。

身の回りにある物事の間にある相関に目を向け、連動して動くものをとらえる思考力を育んでいきましょう。

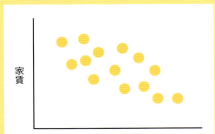

54 回帰分析

2つの変量の間にある関係を数式でとらえる

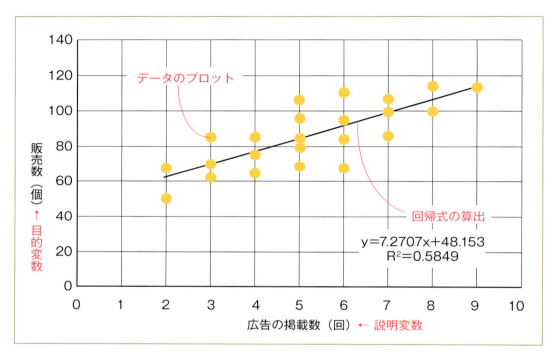

基本情報

　前項で取り上げた散布図は、相関関係の有無と強弱を分析するものでした。「回帰分析」はさらに一歩踏み込んで、変数の間にある関係を数式の形でとらえる考え方です。簡単にいうと $y = ax + b$ のような式で変数の関係を表します。1つの説明変数（原因）によって目的変数（結果）を説明できる場合を単回帰分析、2つ以上の説明変数が必要になるものを重回帰分析といいます。ここでは単回帰分析の基本を説明します。

　思考法として回帰分析を使うためには、物事の関係性を「関係式でとらえることができないか」と考えるようにしなければなりません。数式として理解するという「数式化の思考」があると、物事の間にある関係性を見極めるヒントを得やすくなり、データから未来を予測して戦略や施策を考える際に役立ちます。

考え方

❶ **[データを収集して整理する]**：関係性を分析したい2つの変数を用意し、データを収集・整理します。回帰分析では、最終的に予測したい変数を「目的変数」、目的変数を導き出すために用いられる変数を「説明変数」と呼びます。

❷ **[回帰式を求める]**：整理したデータから回帰式を導き出していきます。数学的な回帰式の算出方法はここでは割愛し、Excelを用いる方法を紹介します。まずExcelで散布図を作成し、「グラフ要素を追加」→「近似曲線」→「その他のオプション」に進み、「線形近似」をクリックすると近似線が表示されます。そして「グラフに数式を表示する」にチェックを入れれば、回帰式を表示させることができます。左ページの例は、商品の販売数と広告の掲載回数の関係を表したもので、上記の手順によって「y = 7.2707x + 48.153」という回帰式を導き出しています。これにより、広告の掲載1回あたり、おおよそ7個の販売が見込めると予測できます。

❸ **[アクションを考える]**：回帰分析や結果から将来予測を行い、施策の立案や追加の分析など、次のアクションに進みます。なお、回帰式の妥当性は「R-2乗値（※Excelでは回帰式とあわせて表示させることが可能）」という指標で表されます。R-2乗値が1に近いほど、回帰式がデータの特徴を適切にとらえていると考えます。散布図を用いた相関関係の可視化、回帰分析を用いた回帰式の可視化、これらは便利であると同時に、あくまでも統計的に正しいとされる関係性を示しているにすぎません。そのまま鵜呑みにせず、注意して活用することが大事です。

思考のヒント

外れ値に着目して示唆を得る

大きく外れている値がある場合は、それが回帰式に与えている影響を考慮します。問題解決の際は外れ値に注目することで、見えていなかった問題や、新しいアイデアを発想するヒントを得られることがあります。なぜ外れ値が存在しているのかを考えてみるとよいでしょう。

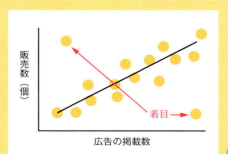

55 時系列分析
時間軸での変化を比較する

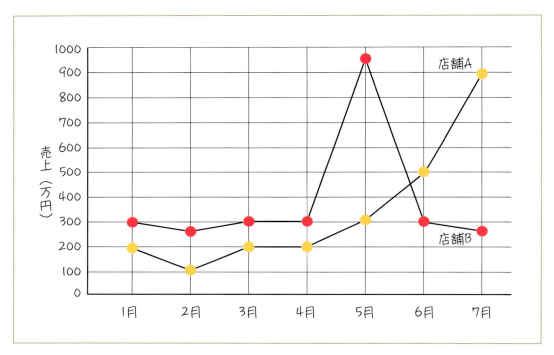

基本情報

「時系列分析」とは、時間的な変化を追うことによって得られた情報を分析する手法で、将来の予測に有用です。例えば市場規模の推移を時系列で可視化し、その変動の要因を考えることで、今後その市場がどうなっていくか予測を立てることができます。

　流れの中に位置づけることで、初めて見える側面というものがあります。例えば「今月の売上は500万円だった」という情報だけでは、それがよいのか悪いのかわかりません。時系列として売上推移を見ることで、増えているのか減っているのかという意味が加わり、実行すべきアクションを考えることができます。このように入手した情報を時間軸でとらえ直すという考え方は、分析的な思考に必要不可欠です。

考え方

❶ **[情報を整理して可視化する]**：収集した情報を整理し、線グラフや棒グラフを用いて可視化します。このとき収集するデータは様々です。売上や販売数、サービスの登録者数、Webサイトの訪問者数などの顧客に関する数値もあれば、社員数や離職率などの組織に関する数値もあるでしょう。これらの時間的変化を可視化して、問題解決の戦略を練るといったシーンが想定できます。

| 補足 | 時間軸をどのように設定するか |

時間軸をどのように設定するかによって得られる意味合いが変わるため、どう設定すべきかについて考えておくことが重要です。「日単位」か「月単位」か「年単位」かといった間隔は、複数の尺度で見てみます。なぜなら、短期では順調なように見えても、長期で見ると問題があるといった場合があるからです。さらに、いつからいつまでを切り取るかという「区間」も主な検討事項です。

❷ **[ポイントを抽出して考察する]**：可視化した情報から何がいえるかを考察していきます。どの要素が減っているのか（増えているのか）の時間的な変化の様子を把握したら、なぜそのような変化が起きているのかという要因や、背景にある文脈を考えます。突出して数値が上がったり下がったりしている点や、傾きが大きく変わった点などがあれば、その部分に着目して変化の要因を探りましょう。例えば左ページで示したグラフの店舗Aのように、継続的に伸びているという結果が得られたのであれば、どのような施策によって伸びているのかを確認するとよいでしょう。店舗Bの5月時点のように瞬間的な伸びがある場合には、そのタイミングに何があったかを考えることで、打ち手を考えるヒントになります。

思考のヒント

時系列で見るか1つの時点を見るか

時系列分析では、特定の要素における時間軸上の変化を考えます。一方で、特定の時点における複数の要素の関係性を考えることもまた重要です。例えば、自社の店舗数の推移を時系列で見ることも重要ですが、現時点の競合の店舗数と比較することもまた重要です。時系列と特定時点での視点の両方を使いこなす必要があります。

	2015	2016	2017	2018
自社				
競合A				
競合B				

時系列で見る / 特定の一時点を見る

56 Why思考（原因分析）

「Why（なぜ）?」を考えることで問題の原因を深掘りする

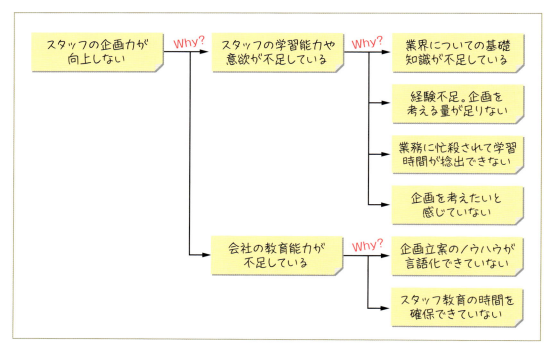

基本情報

　「Why思考」は第4章でも触れましたが（参照→㉟）、ここでは問題の原因を深掘りするために活用する方法を解説します。

　問題だと思ったことはたいていの場合、表面的な問題（状況を把握しただけ）にすぎません。その状態で解決策を考えようとしても、短期的な解決にしかならないのです。そこで、問題の根本的な原因を深掘りして突き止め、解決策を考えていくと有効です。

　前述のWhy思考（目的探索型）も同じようにWhyを問う考え方ですが、「目的の明確化」が目的でした。ここで取り上げている原因分析型は「問題の原因特定」のために使います。前者は未来へ、後者は過去へWhyを問う思考ともいえます。本書では「Why（なぜ）を問うことが大事」と繰り返し述べていますが、この2つのタイプを混同しないように使いこなしましょう。

考え方

❶ **[問題を設定する]**：深掘りしたい問題をピックアップします。左ページの例では、「スタッフの企画力が向上しない」という悩みを問題に設定し、深掘りしています。

❷ **[Why？を問う]**：設定した問題に対して「Why（なぜ）？」を問いかけ、主な原因と考えられる要素を書き出します。

❸ **[さらにWhy？を問う]**：❷で書き出した原因に対して、さらにWhyを問いかけ、それぞれの原因をさらに掘り下げて考えていきます。以降、その原因を取り除くことで問題を解決できると思うレベルまでWhyを繰り返します。トヨタの生産方式で知られる「なぜなぜ分析」では、Whyを5回繰り返すことを推奨しています。

> **補足　特定の人を原因にしてはいけない**
>
> 原因を考える際、「個人が悪い」という結論は有効ではありません。誰か特定の人物に原因をひもづけてしまうと、バイアスや感情によって論理がゆがんでしまいます。また、個人に原因を置いてしまうと、その個人にアクションを委ねてしまうことになり、解決策が根性論や抽象的なものになりがちです。構造や仕組み、ルール、フロー、業務の内容などに原因がないか、改善の余地がないかを模索することが大切です。

❹ **[全体像を整理する]**：書き出した内容の全体像、各要素同士の関係性、上位概念・下位概念の関係を整理します。整理した後は、それぞれの原因に対する解決策を考えます。

思考のヒント

What→Why→Howの順で考える

問題を発見して原因を特定、解決策を考えるという流れは「What→Why→How」の順を意識しておくと考えやすくなります。まず何が問題なのか（What）を特定し、なぜその問題が存在するのか（Why）を分析し、解決するための方法（How）を考えるという流れです。問題解決に詰まった際には意識してみてください。

57 因果関係分析

原因と結果の関係を考える

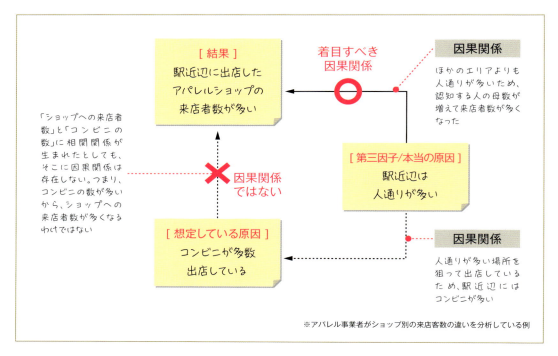

※アパレル事業者がショップ別の来店客数の違いを分析している例

基本情報

　2つの物事があり、一方が増加するにしたがって、もう一方も増加または減少する関係のことを相関関係といいます。さらにその中で、物事の関係が原因と結果の関係になっているものを因果関係といいます。「『A（原因）だからB（結果）である』といえる状態」と表現することもできます。

　例えば「プリンターの設定を間違えた」という原因があって「ムダな印刷費が発生する」といった結果がある関係や、「立地のよい場所に出店した」という原因があって「売上が伸びた」という結果があるなどの関係、これが因果関係です。

　問題の因果関係を正しく把握できるようになれば、正しい打ち手を考えられます。物事の間にある関係をつかむ思考力を鍛え、問題の分析力を高めていきましょう。

考え方

❶ **[原因だと思われるものを洗い出す]**：因果関係を分析したい事象について、結果を引き起こしているであろう原因の候補を洗い出します。左ページの例では、アパレル事業者がショップごとの来店者数を調査し、駅近辺のショップの来店者数が多くなっている原因を分析しています。駅近辺のショップと他エリアのショップを比較し、どのような違いがあるかを考えます。

❷ **[因果関係を整理する]**：下記の「補足」で挙げている条件を意識しつつ、❶で洗い出した原因の候補と結果を照らし合わせ、因果関係を整理します。例の場合は「駅近辺は人通りが多い」という原因があって、「来店者数が多い」という結果につながっていると考えられます。

> **補足　因果関係が成立する3つの条件**
>
> 1つ目の条件は時間軸で、つまり先に原因があることです。2つ目は、相関関係が存在すること。因果関係であるものはすべて相関関係を持ちます。3つ目は、第3因子が存在しないこと。第3因子とは、2つの事象それぞれを引き起こす共通の原因となっているものです。第3因子が存在すると、2つの事象の間に因果関係があるように勘違いしてしまうことがあります。例の場合、「ショップへの来店者数」と「コンビニの数」は相関関係になりえますが、因果関係ではありません（「駅近辺は人通りが多い」という第3因子が存在する）。

❸ **[打ち手を考える]**：因果関係を把握したうえで、目的を達成するための打ち手を考えます。ここでの例でいえば、これから出店計画を立てたいのなら、コンビニの数の多さではなく人通りの多さを基準にリサーチを進めるといったことです。

思考のヒント

因果関係のパターンを知る

因果関係には、原因と結果の関係が「A→B」のように一方向的なもの（右図の上）と、ループするもの（右図の下）があります。ループする因果関係については、次項でもう少し掘り下げます。このように、2つの因果が複雑に絡み合って問題を引き起こすことも多いです。

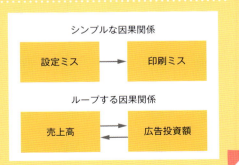

58 因果ループ

問題の循環構造をとらえる

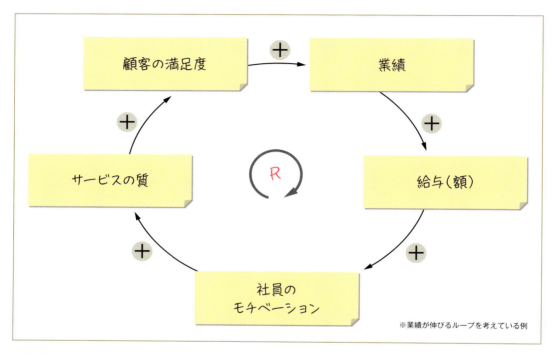

※業績が伸びるループを考えている例

基本情報

「因果ループ」とは、物事の原因と結果が循環している関係のことをいいます。例えば「卵（の数）」と「鶏（の数）」のように、一方が増えるともう一方も増えるという因果関係が相互に成り立つような場合です。「A（原因）→B（結果）」と「A（結果）←B（原因）」の双方が成立するということです。

　因果ループには、物事の変化を促進させる「自己強化型ループ」と、変化を収束させて均衡を保とうとする「バランス型ループ」が存在します。ビジネスの問題にせよ社会問題にせよ、これらのループが複数作用しながら、問題が形成されます。上図のような「因果ループ図」を使うと、問題に作用している要因同士の関係性を1つの構造として理解することが可能です。

考え方

❶ **[変数間の因果を考える]**：物事に影響を与えていると思われる変数を書き出します。変数はなるべく「名詞」で書きましょう。存在する問題や行動の内容、目標となる指標、資源などを書き出したら、その中で重要なものを考えます。

❷ **[関係性を図示する]**：変数とその間の因果関係を図にします。具体的には、矢印とプラスマイナスの記号を用います。「＋」は原因が増えると連動して結果も増える（原因が減ると結果も減る）「同」の関係性を、「－」は原因が増えると結果が減る（原因が減ると結果が増える）「逆」の関係性を表します。左ページの例ではすべて「＋」なので、何か1つの変数がよい方向に動けばすべてが連動してよい方向に、悪い方向に向かえば連動して悪循環になるということになります。作成したループ内の記号の数を数え、「－」が偶数個（ゼロを含む）の場合を「自己強化型ループ」といい、奇数個の場合を「バランス型ループ」と呼びます。前者は変化の促進を続ける拡張的なループで「R」の符号を記します（左図中央）。後者は変化を抑制して均衡へ向かうループで「B」の符号を記します。

❸ **[対策を考える]**：作成したループ図を見たうえで、問題解決のための打ち手を考えます。例えば左ページの図のループにおいて業績が悪化して悪循環に陥っているとすると、負のループを断ち切る、あるいは好循環に転換するための施策が必要となります。この例でいえば、顧客満足度を高めるためのマーケティング施策を考え直したり、給与以外のモチベーションを向上させる取り組みを行うなど、ループを食い止める変数を組み込むことも含めて考えていく必要があります。特定の要因に対する施策が全体に与える結果を把握しておくことが重要です。部分最適におちいらないように注意しましょう。

思考のヒント

バランス型ループの例

左ページの因果ループ図は、自己強化型ループにあたります。もう一方のバランス型ループは、右図のような例がわかりやすいでしょう。日々、自身が関わっている物事の中にどのようなループが存在しているか、意識してみてください。

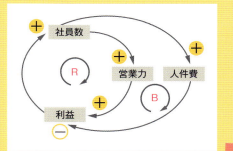

59 システム思考

要素の複雑なつながりを見極めて、問題を1つのシステムとして理解する

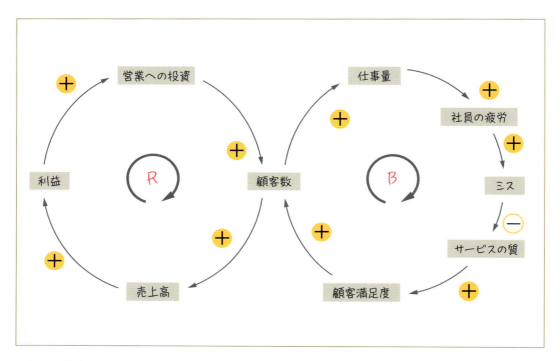

基本情報

「システム思考」とは、互いに影響を及ぼし合う要素をシステム（体系）としてとらえ、問題が発生する構造を理解し、改善するための思考法です。部分的な因果関係だけでなく、要素のつながりや全体像をチェックできるのがメリットです。目の前の問題に局所的に対応するのではなく、問題が生まれる構造を把握して、根本的な問題解決を目指します。

例えば、売上の低下に対応すべく営業を強化するとします。営業の強化によって顧客数は増えるかもしれませんが、「社員の疲弊によってサービスの質が低下している」のも売上低下の要因だとしたら、営業を強化しようとすることが逆効果になる可能性もあります。このように構造レベルでの問題理解・解決策の立案が必要な場面はたびたび訪れるでしょう。ここでは、「氷山モデル」（「思考のヒント」参照）に沿ったシステム思考の進め方を紹介します。

考え方

❶ **[起きた出来事を確認する]**：出来事をよく観察し、事実をつかみます。例えば「顧客数が順調に伸び始めたと思うたびに、あちこちでミスが起きて事業の成長が停滞してしまう」と悩んでいるのであれば、ミスの内容、そのときの組織の状態、関係する人物、影響を受けていると考えられる要素などについて情報を集めます。

❷ **[パターンを可視化する]**：時間をさかのぼり、過去にも同じようなことがなかったかを考え、パターンを可視化します。成長が停滞する前後で何が起きているか、例えば「営業への投資を増やした後、仕事が増えて社員が疲弊し、事業が停滞する」など、問題の前後で共通の変化が存在するかを分析します。

❸ **[構造を考える]**：❷のパターンがなぜ生まれるのか、影響を与えている構造を考えます。要素と要素の関係性を考えながら、因果関係を可視化していきましょう。因果ループ図（参照→58）などの手法を用いて、パターンが生まれる構造の仮説を立て、調査や対話を繰り返しながら理解を深めます。

❹ **[メンタル・モデルを考える]**：構造よりもさらに深いレベルでシステムに影響を与えている「メンタル・モデル」を考えます。関わる人々の価値観、信念、モノの見方など、意識および無意識にある前提を言語化します。

❺ **[解決策を考える]**：❸と❹を解決する方法を考え、システム全体の動きをよりよくする方法を考えます。

思考のヒント

氷山モデル

目に見える物事はあくまでも氷山の一角に過ぎず、その根底には構造やメンタル・モデルの影響が存在しているという考え方が「氷山モデル」です。

何かの問題に反射的に対処してしまうのではなく、対話を繰り返しながら根底まで明らかにし、問題理解や解決策の立案を目指しましょう。

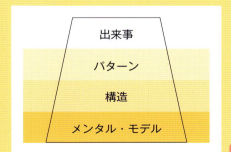

60 KJ法
断片的な情報を統合して新たな発想をうながす

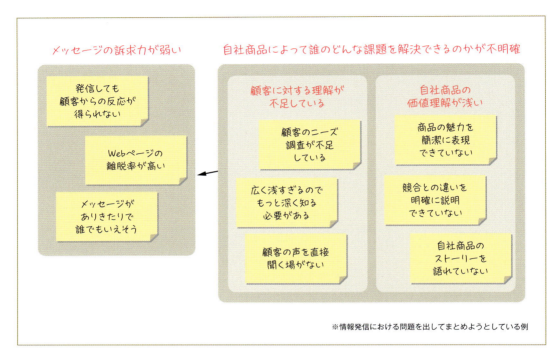

※情報発信における問題を出してまとめようとしている例

 基本情報

「KJ法」とは、アイデアや情報の断片的な素材を関連づけて統合していくことで、思考対象の全体像を理解したり、新たな発想の起点を発見する思考法です。課題の整理やアイデア発想など幅広い場面で活用されます。考案者である川喜田二郎氏の名にちなんでKJ法と呼ばれます。

手順としてはまず、素材となるアイデアや情報をカードに記録し、グルーピングします。そこからグループの関係性を図解・文章化することで情報を構造化していきます。

KJ法は個人での活用はもちろん、複数人で用いることもできます。複数人で取り組むと意見や解釈の違いが生まれるので、この違いを思考に活かすことがポイントです。互いの考えを受け入れ、建設的な対話を行う姿勢を大切にしましょう。異なる視点や経験、知識を持つメンバーでうまく対話できると、豊かな考察につながります。

考え方

❶ **[素材となる情報をカードに記録する]**：課題や目的に関する情報を集めます。収集したデータ、観察から得た洞察、インタビューで得た情報、発想したアイデア、気づきなどをカードに書き出します。

❷ **[グルーピング（分類）する]**：書き出したカードの中で、内容や意味の親和性が高いものをグループにまとめます。カード間にある類似性や、それぞれのカードが持つ意味を吟味してグルーピングの切り口を考えます。もしここで、どのグループにも属さないカードがあった場合には、無理にどこかに所属させようとせず、単独で置いておいて構いません。

❸ **[グループに名前をつける]**：分類されたカードを見ながら、それぞれのグループが何を意味するのか、何をいわんとしているのかを考えて名前をつけます。

❹ **[グループ間の関係性を図解する]**：グループ単位での関係性を考察し、円や矢印を用いてグループ間の関係性を図で表現します。また、複数のグループをさらに大きくくるグループが考えられる際には、大グループとして新たなグルーピングを行います。

❺ **[文章化する]**：図解した内容を1つの文章にします。このとき、論理的に説明しようとすると無理が生じる場合があります。その場合は図解の内容を考え直したり、無理が生じる理由を考えます。それによって新しい発想の糸口が見つかることがあります。❹と❺は補完的なプロセスとなっており、図解によって相互の関係を俯瞰し、文章化によってその精度を高めるといった形で、繰り返しながら理解と発見を進めていきます。

思考のヒント

異質な素材の組み合わせを考える

KJ法の肝はグルーピングにありますが、既存の知識や経験から自分の認識を押しつけてしまうと、魅力が半減します。素材となるアイデアや情報から、これまでにない分類の方法や意味を発見できないかを考えます。そのために、似たものだけでなく、異質に思えるものの間にも類似性が見出せないかを検討してみることが重要です。

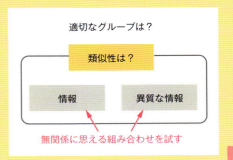

第5章のエクササイズ ❶

　本章では「仮説」という言葉が何度か登場しました。問題解決において仮説の考え方は重要なので、本項では仮説を用いた思考の流れについて掘り下げていきたいと思います。仮説思考（参照→48）は、仮説を持ち、それを検証しながら結論の質を高めていこうとするものでした。これは推論の文脈でいえば、「演繹→帰納→アブダクション」のサイクルを回していくことを意味します。

仮説を考える

　それぞれの思考法の活用目的や位置づけを確認しながら、実際に自分がいま抱えている問題や課題を思い浮かべ、仮説を頭の中で考えてみましょう。まず思考を行う目的を明確にします。問題の発見や分析、原因の考察、解決策の立案など、様々あるでしょう。マーケティング施策の方向性や、新商品のアイデアについて考えることを目的としても、もちろん構いません。

　設定した目的のもと、まずは手元にある情報を収集して整理します。蓄積しているデータや目の前の状況を観察することで得られる情報から、仮説を考えていきます。

　この、情報を仮説にまとめ上げるというところに肝があるわけですが、ここでアブダクションの説明仮説の考え方が活きてきます。データや観察の結果を「説明しようとする」ことで、疑問点や不明点が明確になり、仮説の形成や検証項目の特定につながります。仮説が正しいかどうか、「演繹による具体化」と「帰納による検証」によって確かめ、改善していきます。なお、演繹と帰納は右ページの図のように循環（a）しており、その検証の結果を受けて、より質の高い仮説を考えるという形でさらに大きく循環（b）します。

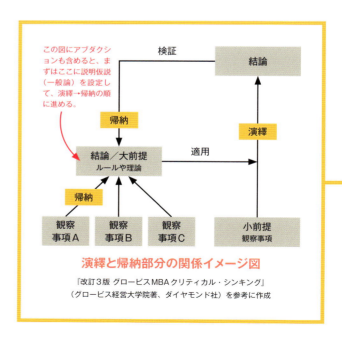

演繹と帰納部分の関係イメージ図

『改訂3版 グロービスMBAクリティカル・シンキング』
（グロービス経営大学院著、ダイヤモンド社）を参考に作成

プロモーションが失敗した原因の仮説を考えてみよう

　下図の例は、「フットサル場の事業者が店舗リニューアル時のプロモーションで効果が出ていない」という状況です。仮説検証を繰り返しながら、問題の原因を特定しようとしています。

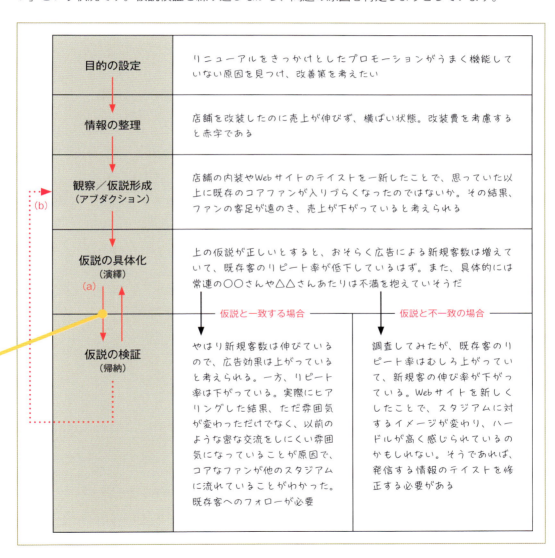

目的の設定	リニューアルをきっかけとしたプロモーションがうまく機能していない原因を見つけ、改善策を考えたい
情報の整理	店舗を改装したのに売上が伸びず、横ばい状態。改装費を考慮すると赤字である
観察／仮説形成（アブダクション）	店舗の内装やWebサイトのテイストを一新したことで、思っていた以上に既存のコアファンが入りづらくなったのではないか。その結果、ファンの客足が遠のき、売上が下がっていると考えられる
仮説の具体化（演繹）	上の仮説が正しいとすると、おそらく広告による新規客数は増えていて、既存客のリピート率が低下しているはず。また、具体的には常連の○○さんや△△さんあたりは不満を抱えていそうだ
仮説の検証（帰納）	**仮説と一致する場合**：やはり新規客数は伸びているので、広告効果は上がっていると考えられる。一方、リピート率は下がっている。実際にヒアリングした結果、ただ雰囲気が変わっただけでなく、以前のような密な交流をしにくい雰囲気になっていることが原因で、コアなファンが他のスタジアムに流れていることがわかった。既存客へのフォローが必要 / **仮説と不一致の場合**：調査してみたが、既存客のリピート率はむしろ上がっていて、新規客の伸び率が下がっている。Webサイトを新しくしたことで、スタジアムに対するイメージが変わり、ハードルが高く感じられているのかもしれない。そうであれば、発信する情報のテイストを修正する必要がある

メニュー改善の仮説を考えてみよう

　下図は針灸院事業を展開する事業者が、サービスメニューを新しくした際に起きた売上の変動をもとに、よりよいメニューを考えようとしている場合の思考例です。

目的の設定	売上増のために、よりよいメニューを考えたい
情報の整理	既存のメニューにあるプランAとプランBに加え、さらに高価格のプランCを用意したところ、内容を変えていないプランBの売上が伸びた。結果、全体の売上が伸びた
観察／仮説形成 （アブダクション）	これまではプランBが最高価格だったが、それより高価格のプランCが登場したことにより、プランBが相対的に安く感じられ、購買しやすくなったのではないか
仮説の具体化 （演繹）	その仮説が一般的に成り立つとすると、他のサービスXやYについても、同じように高いプランを用意することで、真ん中のプランの販売数や購買率が上昇するはずだ
仮説の検証 （帰納）	**仮説と一致する場合** XやYでも高価格のプランを用意してみると、既存のプランの売上が増加した。よって、仮説は正しいと考えられる。今後展開するサービスでも、売りたいプランよりもう一段階高価格のプランを用意するべきである	**仮説と不一致の場合** XやYでも高価格のプランを用意してみたが、違いは見られなかった。メニュー構成の違いによって販売数が伸びたのではなく、メニュー表の見せ方を刷新したことにより、魅力が伝わりやすくなったのかもしれない。新旧の見せ方を比較してみる必要がある

マーケティング課題の仮説を考えてみよう

　下図はオンラインで資料作成を代行するサービスを展開する事業者が、マーケティング施策に関する課題を見つけようとしている例です。

目的の設定	マーケティング施策の課題点をあぶり出したい
情報の整理	価格が高いという声を耳にした。実際、自社のサービスはおそらく相場より高い
観察／仮説形成 （アブダクション）	自社がサービスをリリースした当初と比べれば競合も増えており、低価格でサービスを提供する競合も出てきている。そうした競合の情報と比較され、自社サービスに対して高いと感じる人が増加していると考えられる
仮説の具体化 （演繹）	競合他社の価格戦略を調査する。また、顧客への満足度調査の中で価格についてアンケートを取る。低価格戦略をとっている競合が人気があるはず。また、顧客へのアンケートでは、自社の価格面に対する満足度が低いだろう
仮説の検証 （帰納）	**仮説と一致する場合**：調査してみた結果、相場はかなり下がっている。実際、自社のサービスを利用し続けている顧客でも、価格の満足度が低いことがわかった。また、サブスクリプション型（定額サービス）のメニューを展開している競合が増えており、自社も料金プランを見直す必要がある ／ **仮説と不一致の場合**：競合の価格戦略はバラバラで、自社は平均より少し高い程度である。アナログでのイベント開催や、メディア運営を展開する競合が増えており、広告単体で集客しようとしている点に問題がありそうだ。価格よりも、リード育成の方が優先的な課題であると想定される

第5章のエクササイズ ❷

　前項のエクササイズに引き続き、仮説検証の考え方についてトレーニングしてみましょう。前項では演繹、帰納、アブダクションといった論理的な側面からのアプローチでした。本項では、数値を扱った統計的な考え方の側面から、仮説検証の思考イメージを掘り下げます。

売上に影響を与える要因を探るには

　例えばいま、データ管理システムの販促会議をしていて、新規契約の少なさを問題視しているとします。まずは具体的な問題点を特定するために、手元にある情報からわかる範囲で、下図のように（1）（2）（3）の3つの仮説を立てました。仮説にもとづいて何を調べるべきかを考え、実際にデータを収集して検証していきます。

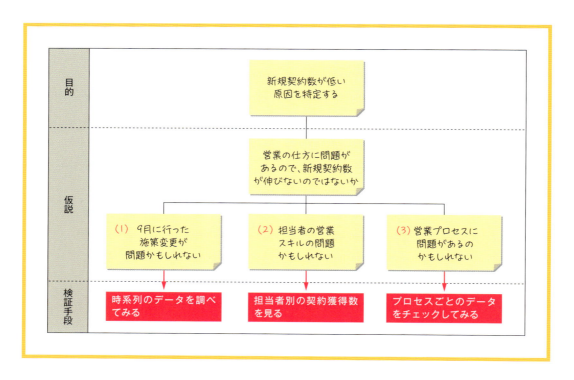

［切り口の例（1）］ 時系列データを整理してみよう

（1）の「9月に行った施策変更が問題かもしれない」という仮説を検証するためには、時系列のデータを調べる必要があります。その結果、過去1年間の新規契約数の推移が右のグラフのようになったとしましょう。

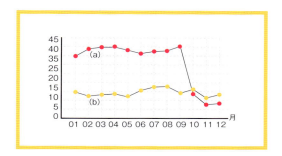

もしも（a）のような結果が得られた場合、新規契約数が低くなったのは10月からであり、9月の施策変更が影響している可能性は十分考えられます。この場合は仮説が正しいと考え、さらに細かく施策変更による変化を分析し、改善策を立案します。

一方、（b）のような結果が得られたとすると、ほぼ均等に推移しているので時間的な問題ではないと考えられます。つまり、施策変更の問題ではなく、担当者のスキルやプロセスなど別の問題を疑う必要があります。

［切り口の例（2）］ 担当者別のデータを見てみよう

次に（2）の仮説にもとづいて集めたデータを見てみましょう。ここでは横軸に担当者、縦軸に新規契約数を取りました。担当者のスキルによって成果にばらつきがあるのかどうかをチェックするためです。

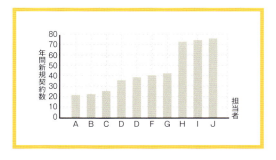

担当者別にデータを整理したら、右のグラフのような結果が得られたとします。ばらつきがあるので、営業やマーケティング、販促の方法など、顧客とのコミュニケーションのあり方に違いがあると考えられます。契約数の最も多い担当者と最も少ない担当者の営業の方法を比較してみるなどして、次の仮説を立てるヒントを探します。

一方、もしも平均的にデータが分布した場合には、担当者別のコミュニケーションの問題とは考えにくいため、商品やツールなど何か別のポイントに問題があると判断できるでしょう。

［切り口の例（3）］プロセスごとのデータを見てみよう

（3）の仮説を考えてみましょう。ここでは営業のプロセスを分解して、成績上位・下位のスタッフの数値をファネル分析の考え方に沿って整理しています。両者の違いに着目することで改善のヒントを探します。

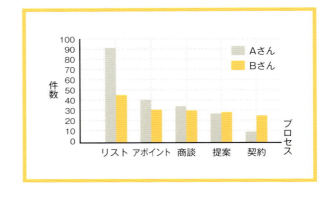

仮に右のグラフのような結果が得られたとすると、成績上位と下位のスタッフでは、「リスト→アポイント」「提案→契約」のプロセス間に開きがあります。提案のフォーマットや考え方の講習会を社内で開くことによって、全体の成果を高められるかもしれません。このように、1つの仮説から次の仮説が生まれていきます。

この例では比較するためにファネル分析を用いていますが、全体の数値を1つのグラフで表し、問題のあるプロセスを考察することももちろん可能です。

補足　体験会の開催数との相関を見てみる

仮説には入っていませんでしたが、相関の切り口でも情報を見てみましょう。例えば、サービスの体験会の開催数は新規契約数に影響を与えているのかを知るために、回帰分析（参照→54）の考え方を活用してみます。

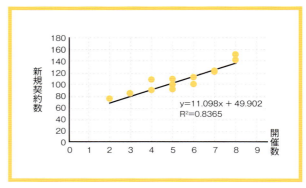

ここでは「新規契約数」を目的変数、「体験会の開催数」を説明変数として、過去のデータを整理してみます。相関していることがわかれば、体験会を実施する意義があることになります。さらに、回帰式を求めることで体験会1回あたりの新規契約数の目安が立てられるので、販促プランの試算を行いやすくなります。一方、無相関になった場合、現在の状況や内容では体験会の訴求効果は低いと考えられます。

補足　顧客属性を見てみる

　もう1つ、既存顧客のデータからサービスとの相性がよいアプローチ先を考えてみます。例えば、どのような業種の企業が契約しているのかを把握することで、営業先の選定に活かすことができます。

　横軸に業種、縦軸に累計契約社数を取ってグラフを作成した際、右のグラフのような結果が得られたとします。小売と飲食がボリュームゾーンという

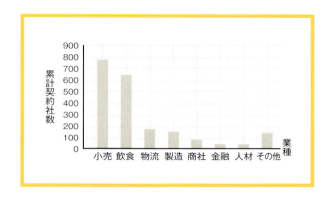

ことは想定できるでしょう。その背景を掘り下げて考えることで、戦略設計のヒントを見出していくことができます。

　顧客データに対して、営業チームが現状アプローチしている企業の業種を照らし合わせ、戦略を調整するなどのアクションにつなげていきます。もしこれが均等に分布しているのであれば、業種ではなく企業規模やエリアのデータを見てみるのもよいでしょう。

●データを扱ううえでの注意点を意識しながら有効活用する

　データを扱う思考力や、統計的な思考のアプローチは強い武器となるため、ぜひとも身につけたいものです。ただし、データを扱うときには注意も必要です。今回取り上げただけでも5つの切り口があり、このほかにもデータの切り口は無数に存在します。また、データの解釈の仕方も多様です。そこで、分析の目的を明確に設定しておくことがポイントとなります。

　さらに、データは基本的に過去のものであり、未来を確約するものではありません。データを用いて仮説の正しさを確かめるとともに、常に批判的な視点で見る意識も持つことが大切です。

　なお、相関や因果を本格的に分析するには、統計やデータ分析の専門スキルや知識が必要となります。本書では具体的な方法論には触れていないので、より詳しく知りたいという方は統計のテキストを参照してみてください。

コラム　定量・定性データと仮説検証

　分析について考えるうえで知っておきたい情報の扱い方に「定量」と「定性」があります。これらは平たくいうと、数字で表せる情報なのか、数字では表せない情報なのかという違いです。情報やデータを有効に活用するために、違いをきちんと押さえておきましょう。

定量データを分析して仮説を検証する

　定量とは、数字で表現できる要素です。売上や顧客数、価格、市場規模、広告費、成長率、社員数、エラー数など、日々の業務の中で数値として登場します。定量分析は、すでに立案した仮説が正しいのかどうかを数値で検証する際に特に有効です。

　例えば「パッケージの色を赤から青に変えると売上が伸びる」という仮説がある場合、パッケージ別の売上データを比較することで、仮説の正しさを検証することができます。このように定量分析では数値をもとにした明確な判断材料を集められます。ただし、自ら意図を持って数値を集める分析方法なので、何を測定すればよいかを教えてくれるものではありません。そこで活躍するのが定性データを利用した定性分析です。

定性データを分析して仮説を生み出す

　定性とは、数字では表せない意味や文脈、現場の詳細な様子などの質的な情報です。例えば100円のボールペンが1,000本売れたという事実があったとき、1,000本売れたというのは定量データです。それに対して、「安いボールペンが欲しかった」「試し書きをして納得してから買った」など、1,000本のボールペンが売れた背景にある情報が定性データになります。

　定性分析を行うことで、こうした数字だけではわからない、行動の理由や結果までの具体的なプロセスを明らかにすることが可能です。行動観察やヒアリングによって特定の出来事を深掘りし、仮説を生み出します。

　実際には、「定量分析は仮説の検証用」「定性分析は仮説の立案用」のように目的を完全に分けられるものではありません。しかし重要な点は、データには定量と定性という種類があることを知っていて、目的に応じてどんなデータを調査すべきか考えられることです。定量と定性の考え方を駆使して、分析を効果的に進めていきましょう。

思考を加速させるビジネスフレームワーク一覧

 As is ／ To be

あるべき理想の姿（To be）と現状（As is）を比較し、そのギャップを埋めるための方法を考えるフレームワーク。このギャップが「問題」であり、理想と現状を適切に比較することで問題解決の質を高める。

As is	To be

 6W2H

思考を広げるために必要なベースとなる問いを網羅してくれるフレームワーク。「誰が」「誰に」「何をする」「どのように」「なぜ」「いつ」「どこで」「いくらで」という8つの問いを用いて、対象となる問題や課題、テーマを多面的に考察する。

Who	Whom	What
How	対象	Why
When	Where	How much

 コントロール可能／不可能

努力によって解決できる問題と、自分たちではどうにもできない問題とを切り分けて考えるフレームワーク。関与できないマクロ要因が絡むような問題よりも、まず自分たちで変えられる問題の優先度を上げて問題解決を促進する。

可能	不可能

 ロジックツリー

物事を分解して考え、「全体」と「部分」を網羅的に整理するフレームワーク。問題特定するWhatツリーやWhereツリー、原因分解のためのWhyツリー、解決策を模索するHowツリーなど、目的に応じて多様な活用が可能。

05 緊急度／重要度マトリクス

物事の優先順位を「緊急度」と「重要度」の2つの評価項目で整理し、検討・選定するフレームワーク。全体像を可視化し、課題の優先順位はもちろん、何に対してどれくらいの資源を割くかを考える。

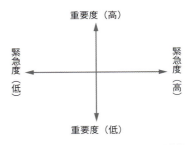

06 意思決定マトリクス

課題やアイデアなど、複数の選択肢を評価・選定する際に活用できる意思決定フレームワークの1つ。「緊急性」「実現性」「収益性」「将来性」など、目的に応じた評価項目にもとづき、選択肢を定量的に評価できる点がメリット。

選択肢	項目1	項目2	項目3	合計
A				
B				
C				

07 PEST分析

事業に影響を与えるマクロ的な環境要因を考えるフレームワーク。「政治」「経済」「社会」「技術」の4つに関する変数を分析することで未来シナリオを描き、戦略立案や戦術設計の参考にする。

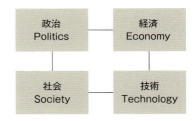

08 ファイブフォース分析

「買い手の交渉力」「売り手の交渉力」「業界内の競争」「新規参入者の脅威」「代替品の脅威」の5つの要因を切り口として、業界の競争構造を理解するフレームワーク。自社事業の競争環境を把握したり、参入したい市場の分析に活用する。

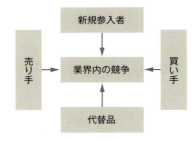

09　SWOT分析

　事業を取り巻く環境を分析し、強みや弱みを把握するフレームワーク。好影響⇄悪影響、内部環境⇄外部環境の2軸を用いて、「強み（Strengths）」「弱み（Weaknesses）」「機会（Opportunities）」「脅威（Threats）」を分析する。

	好影響	悪影響
内部	強み(S)	弱み(W)
外部	機会(O)	脅威(T)

10　パレート分析

　顧客と売上の関係や、営業担当者と契約額の関係など、少数の人（要素）が全体の大部分を占める現象を「パレートの法則」と呼ぶ。この考え方を活かして、貢献度の高い要素を特定し、資源の配分を考える分析手法。

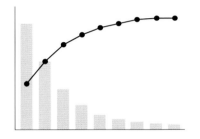

11　共感マップ

　顧客が置かれている状況や感情を理解するための分析手法。顧客が現場で何を見聞きし、何を考え感じているのか、さらに何を望み、何に痛みを感じるのかを観察することで、顧客の気持ちを理解するために用いる。

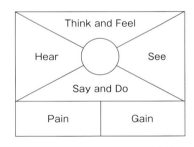

12　4P分析

　「製品」「価格」「流通」「販売促進」の4つの要素でマーケティングを考えるフレームワーク。標的とする市場における製品の提供方法や、コミュニケーションの設計について検討する。

13　バリューチェーン

　企業が顧客に価値を届けるまでのプロセスを可視化したフレームワーク。顧客への直接的な価値提供となる活動を「主活動」、主活動を支えるための活動を「支援活動」に分類し、分析・改善を行う。

 ## 14　マンダラート

　マス目状のフレームの中心にテーマを設定し、そこから連想されるアイデアやキーワードを周辺のマスへと放射状に広げていくアイデア発想フレームワーク。アイデア発想のほか、目標設定にも活用される。

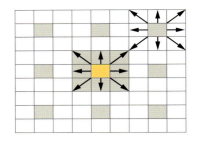

 ## 15　形態分析法

　対象とするテーマを構成する変数を分解し、各変数の要素を発散させて組み合わせることでアイデアを生み出す発想手法。商品開発などアイデア発想を必要とする場面で、網羅的にアイデアの切り口を探していく際に有効。

 ## 16　シナリオグラフ

　「誰が」「いつ」「どこで」「何をする」という4つの要素の組み合わせによって物語を考え、アイデア発想の切り口を得るフレームワーク。候補となる要素を豊富に書き出し、新しい組み合わせを考えることで既存の枠組みを超える発想を獲得する。

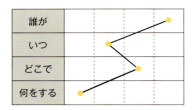

思考を加速させるビジネスフレームワーク一覧

オズボーンのチェックリスト

アイデアを考える際に活用できる9つ問いをまとめたフレームワーク。「転用」「応用」「変更」「拡大」「縮小」「代用」「置換」「逆転」「結合」の切り口で既存のアイデアをブラッシュアップする。本書で紹介した水平思考との相性がよい手法。

テーマ

転用	応用	変更
拡大	縮小	代用
置換	逆転	結合

プロコン表

意思決定が必要な論題に対する、賛成意見（プロス）と反対意見（コンス）を整理し、意思決定の精度を高めるためのフレームワーク。賛否両論を客観的にとらえることで、主観や場の空気に流されずに判断ができる。

賛成意見	反対意見

SUCCESs

他者への理解と共感を生み出すアイデアの共通項を、6つの切り口でまとめたフレームワーク。「単純」「意外性」「具体的」「信頼性」「感情」「物語」の6項目でアイデアの評価・改善を行う。プレゼンテーション内容の設計にも用いられる。

単純 Simple	意外性 Unexpected
具体的 Concrete	信頼性 Credible
感情 Emotional	物語 Story

ペイオフマトリクス

「効果」と「実現性」の2つの変数を用いてアイデアをマッピングし、効率のよい選択肢を考えるフレームワーク。俯瞰することでアイデアが整理されるのはもちろん、欠けている領域のアイデアの発想にも有効。

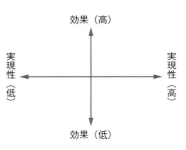

21 プロダクト・ポートフォリオ・マネジメント

「市場成長率」と「相対的マーケットシェア率」を軸としたマトリクスを用いて、自社の保有する事業の分析と戦略設計を行うフレームワーク。収益事業と投資事業を明確化し、資源の効果的な投資先を検討する。

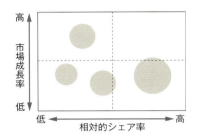

 ## 22 アンゾフの成長マトリクス

「市場（顧客）」と「製品」について、それぞれ「既存」「新規」の軸で分類し、セグメントごとに事業の成長戦略を検討するフレームワーク。主な戦略の方向性としては、「市場浸透」「新製品開発」「新市場開拓」「多角化」の4つがある。

		製品	
		既存	新規
市場	既存	市場浸透	新製品開発
	新規	新市場開拓	多角化

 ## 23 クロスSWOT

SWOT分析によって得られる自社の「強み（S）」「弱み（W）」「機会（O）」「脅威（T）」を軸として新たな戦略を考えるフレームワーク。自社の強みを活かす方法、弱みを克服する方法について、それぞれ「機会」×「脅威」の掛け算で考える。

	強み	弱み
機会	戦略1	戦略3
脅威	戦略2	戦略4

 ## 24 AIDMA

消費者の購買プロセスを可視化するフレームワーク。消費者が商品・サービスの購買に到るまでのプロセスを「認知」「関心」「欲求」「記憶」「購買（行動）」の5段階に分け、それぞれの段階における顧客とのコミュニケーションを設計する。

ロードマップ

目標へ到達するまでのステップを示した進行（予定）表。ロードマップを作成することによって、事業をどのように発展させていくのか、長期視点での計画を明確化し、共有することができる。

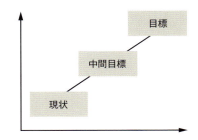

 ## KPIツリー

KGI（Key Goal Indicator：重要目標達成指標）を頂点として、KPI（Key Performance Indicator：重要業績評価指標）に分解したツリー。業務を遂行するにあたり、どのような指標に沿って評価・改善するのかを可視化する。

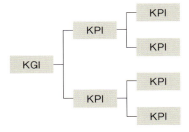

 ## AARRR

顧客獲得から収益化までの段階を5つに分け、各段階に応じたKPIを設計し、仮説検証を行うためのフレームワーク。具体的には、「獲得」「活性化」「継続」「紹介」「収益化」の5つの段階を考える。

 ## SMART

目標設定の質を高めるための視点をまとめたフレームワーク。「具体的か」「測定可能か」「達成可能か」「成果にもとづいているか」「期限はあるか」の5つをチェックし、設定した目標の精度を高める。

ミッション・ビジョン・バリュー

　組織が存在する「目的（ミッション）」「ありたい姿（ビジョン）」そのために大切にする「価値観・行動指針（バリュー）」を定義するフレームワーク。組織および個人がどこに向かって進むのか、ベクトルを一致させるために有効。

 ## Will／Can／Must

　「やりたいこと（Will）」「できること（Can）」「やるべきこと（Must）」の3つが重なる部分を探すことで、高い熱量で取り組むことのできる業務や活動の領域を探索するフレームワーク。

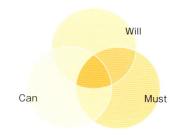

 ## ジョハリの窓

　自己開示とフィードバックを通して、自己理解・他者理解・相互理解をうながす手法。自分もメンバーも知らなかった自分を掘り下げることで、認識を拡張する。コミュニケーションの円滑化に有効。

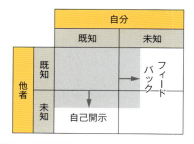

 ## 認知／行動ループ

　認知と行動は互いに影響を及ぼし合いループしているとし、他者との認識のズレを可視化して相互理解を深めるためのフレームワーク。「互いの認知は目に見えず、ズレが生じるもの」ということを理解することで、歩み寄りを促進する。

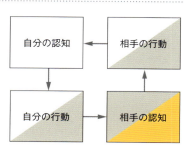

思考を加速させるビジネスフレームワーク一覧

33　PM理論

「目標達成機能（Performance function）」と「集団維持機能（Maintenance function）」の2つの能力を評価指標としてリーダーシップについて考えるフレームワーク。メンバーの育成方針の設計や、チームの編成に活用する。

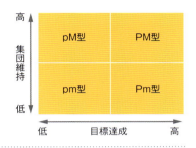

34　動機付け・衛生理論

仕事の満足度に影響を及ぼす要因には、満たされないことで満足度の低下を招く「衛生要因」と、満たされることで向上につながる「動機付け要因」の2種類があるとする理論。各要因を切り分けて分析し、対策を考える。

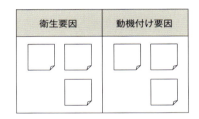

35　Will／Skillマトリクス

メンバーのやる気（Will）と能力（Skill）のバランスを見ながら、働きかけ方や教育施策の打ち方を考えるフレームワーク。やる気と能力の状況によって、「委任」「指導」「着火」「命令」の4つの働きかけ方を使い分ける。

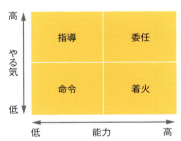

フレームワークをもっと知りたい方におすすめ
『ビジネスフレームワーク図鑑』

- 個人はもちろん、チームでも利用できる
- 使い方のほか、活用のヒントも多数掲載
- すべて記入例がありイメージしやすい
- PowerPointテンプレートですぐ使える

ベストセラー **10万部突破**

株式会社アンド［著］
本体2000円＋税

参考文献・Webサイト

■ 第1章

- 『考える技術・書く技術―問題解決力を伸ばすピラミッド原則』(バーバラ・ミント著／グロービス・マネジメント・インスティテュート監修／山崎康司訳／ダイヤモンド社／1999年)
- 『ロジカル・シンキング』(照屋華子、岡田恵子著／東洋経済新報社／2001年)
- 『改訂3版 グロービスMBA クリティカル・シンキング 改訂3版』(グロービス経営大学院著／ダイヤモンド社／2012年)
- 『アブダクション 仮説と発見の論理』(米盛裕二著／勁草書房／2007年)
- 『メタ思考トレーニング 発想力が飛躍的にアップする34問』(細谷功著／PHP研究所／2016年)
- 『メタ認知で＜学ぶ力＞を高める 認知心理学が解き明かす効果的学習法』(三宮真智子著／北大路書房／2018年)
- 『イシューからはじめよ 知的生産の「シンプルな本質」』(安宅和人著／英治出版／2010年)
- 『ディベート道場―思考と対話の稽古』(田村洋一著／Evolving／2017年)

■ 第2章

- 『仕事も人生もうまくいく！【図解】9マス思考 マンダラチャート』(松村剛志著／青春出版社／2018年)
- 『アナロジー思考』(細谷功著／東洋経済新報社／2011年)
- 『水平思考の世界 固定観念がはずれる創造的思考法』(エドワード・デボノ著／藤島みさ子訳／きこ書房／2015年)
- 『コトラーのマーケティング思考法』(フィリップ・コトラー、フェルナンド・トリアス・デ・ベス著／東洋経済新報社／2004年)
- 『素人のように考え、玄人として実行する―問題解決のメタ技術』(金出武雄著／PHP研究所／2004年)
- 『複雑な問題が一瞬でシンプルになる 2軸思考』(木部智之著／KADOKAWA／2009年)
- 『頭がよくなる「図解思考」の技術』(永田豊志著／KADOKAWA／2014年)
- 『アイデアのつくり方』(ジェームス・W・ヤング著／今井茂雄訳／CCCメディアハウス／1988年)
- 『アイデア・バイブル』(マイケル・マハルコ著／齊藤勇監訳／小澤奈美恵、塩谷幸子訳／ダイヤモンド社／2012年)
- 『使える 弁証法』(田坂広志著／東洋経済新報社／2005年)

■ 第3章

- 『デザイン思考が世界を変える―イノベーションを導く新しい考え方』(ティム・ブラウン著／千葉敏生訳／早川書房／2014年)
- 『21世紀のビジネスにデザイン思考が必要な理由』(佐宗邦威著／クロスメディア・パブリッシング／2015年)
- 『ビジネスモデル・ジェネレーション ビジネスモデル設計書』(アレックス・オスターワルダー、イヴ・ピニュール著／小山龍介訳／翔泳社／2012年)
- 『コトラーのマーケティング・コンセプト』(フィリップ・コトラー著／恩藏直人監訳／大川修二訳／東洋経済新報社／2003年)
- 『ビジネス意思決定―理論とケースで決断力を鍛える』(大林厚臣著／ダイヤモンド社／2014年)
- 『ロジカルシンキングのノウハウ・ドゥハウ』(HRインスティテュート著／野口吉昭編／PHP研究所／2001年)

- 『ロードマップのノウハウ・ドゥハウ』（HRインスティテュート著／野口吉昭編／PHP研究所／2004年）
- 『コンセプチュアル思考』（好川哲人著／日本経済新聞出版社／2017年）
- 『［新版］ブルー・オーシャン戦略　競争のない世界を創造する』（W・チャン・キム、レネ・モボルニュ著／入山章栄監訳／有賀裕子訳／ダイヤモンド社／2015年）
- 『企業戦略論』（H・I・アンゾフ著／広田寿亮訳／産業能率短期大学出版部／1969年）
- 『［新訂］競争の戦略』（M・E・ポーター著／土岐坤、中辻萬治、服部照夫訳／ダイヤモンド社／1995年）

■ 第4章

- 『トヨタ生産方式──脱規模の経営をめざして』（大野耐一著／ダイヤモンド社／1978年）
- 『全面改訂版 はじめてのGTD　ストレスフリーの整理術』（デビッド・アレン著／田口元監訳／二見書房／2015年）
- 『最強の経験学習』（デイヴィッド・コルブ、ケイ・ピーターソン著／中野眞由美訳／辰巳出版／2018年）
- 『Harvard Business Review（ハーバード・ビジネス・レビュー）2010年2月号』（ダイヤモンド社／2010年）
- 『内観療法入門　日本的自己探求の世界』（三木善彦著／創元社／2019年）
- 『どんなことがあっても自分をみじめにしないためには──論理療法のすすめ』（アルバート・エリス著／国分康孝、石隈利紀、国分久子訳／川島書店／1996年）

■ 第5章

- 『仮説思考』（内田和成著／東洋経済新報社／2006年）
- 『論点思考』（内田和成著／東洋経済新報社／2010年）
- 『ザ・ゴール 企業の究極の目的とは何か』（エリヤフ・ゴールドラット著／三本木亮訳／ダイヤモンド社／2001年）
- 『改訂3版　グロービスMBA　クリティカル・シンキング　改訂3版』（グロービス経営大学院著／ダイヤモンド社／2012年）
- 『「それ、根拠あるの？」と言わせない　データ・統計分析ができる本』（柏木吉基著／日本実業出版社／2013年）
- 『発想法　創造性開発のために　改版』（川喜田二郎著／中央公論新社／2017年）
- 『世界はシステムで動く──いま起きていることの本質をつかむ考え方』（ドネラ・H・メドウズ著／枝廣淳子訳／英治出版／2015年）
- 『実践システム・シンキング　論理思考を超える問題解決のスキル』（湊宣明著／講談社／2016年）
- 『学習する組織──システム思考で未来を創造する』（ピーター・M・センゲ著／枝廣淳子、小田理一郎、中小路佳代子訳／英治出版／2011年）
- 『具体と抽象──世界が変わって見える知性のしくみ』（細谷功著／dZERO／2014年）

■ 全般

- 『入社10年分の思考スキルが3時間で学べる』（斎藤広達著／日経BP社／2016年）
- 『ビジネス思考法使いこなしブック』（吉澤準特著／日本能率協会マネジメントセンター／2012年）
- 『グロービスMBAキーワード　図解　基本ビジネス思考法45』（グロービス著／ダイヤモンド社／2017年）
- 「MBA用語集」https://mba.globis.ac.jp/about_mba/glossary/detail-11955.html（グロービス経営大学院）

【著者プロフィール】

小野 義直（おの・よしなお）
株式会社アンド代表取締役。仮説検証と実践サイクルをスピーディーに回し、段階的に事業構造の完成度を高めていくことを得意とする。これまで小売・サービス業を中心に事業の構造設計からコミュニケーション戦略構築まで1,000社以上の課題解決を支援。現在は組織や個人の思考、行動変容を支援する学習プログラム設計にも従事している。著書に『ビジネスフレームワーク図鑑』（翔泳社）がある。

宮田 匠（みやた・たくみ）
株式会社アンド取締役。コンテンツマーケティング領域を中心に、クライアント企業の企画立案・運営を支援している。課題整理・アイデア発想の思考促進を得意とし、企業向け研修の設計業務も担う。自社運営サイト「ひらめきEX」にて、問題解決の思考法やビジネスフレームワークの活用法を配信中。著書に『ビジネスフレームワーク図鑑』（翔泳社）がある。

●企画立案・企画書作成をサポートするWebサイト
「ひらめきEX」https://www.kikakulabo.com/

装丁	大岡 喜直（next door design）
本文デザイン	相京 厚史（next door design）
DTP	BUCH⁺

思考法図鑑
ひらめきを生む問題解決・アイデア発想のアプローチ60

2019年10月 7 日　初版第1刷発行
2019年10月25日　初版第2刷発行

著者	株式会社 アンド
発行人	佐々木 幹夫
発行所	株式会社 翔泳社（https://www.shoeisha.co.jp）
印刷・製本	株式会社 廣済堂

©2019 And Co.,Ltd.

本書は著作権法上の保護を受けています。本書の一部または全部について（ソフトウェアおよびプログラムを含む）、株式会社 翔泳社から文書による許諾を得ずに、いかなる方法においても無断で複写、複製することは禁じられています。
本書へのお問い合わせについては、4ページに記載の内容をお読みください。
落丁・乱丁はお取り替えいたします。03-5362-3705 までご連絡ください。

ISBN978-4-7981-6094-8　　　　　　　　　　　　　　Printed in Japan